警視庁生きものがかり

警視庁生活安全部生活環境課
福原秀一郎

講談社

警視庁　生きものがかり

まえがき

「このカメは、あの事件のとき、私が保護したカメだよな。うん、間違いない。今も元気で生きていてくれたんだ。そうか――よかった！」

動物園の水槽の中にいるカメに向かって、こんなふうに声に出して語りかけているコワモテのおじさんがいたら、周囲から怪しまれるものですが、皆様、ご心配なく。私はいつも心の中で語りかけているだけですから。

ここは横浜市立野毛山《のげやま》動物園（横浜市西区）の爬虫類館。この動物園にはお世話になりっぱなしです。「種の保存法」や「文化財保護法」などの法律に違反する事件で警察の証拠品となった多くの動物、とりわけカメをこれまでに、１００頭近くも引き取って飼育してもらっているのです。

私はそんな自分のヤマ（事件）に関わった動物たちの元気な姿を見るために、プライベートな時間の合間を縫って動物園へ足を運ぶことがあります。自分が保護した動物を引き取ってくれた動物園へ出向くのは、受け渡した動物たちの、その後の成長ぶりや健康状態が気になるからです。気になると居ても立ってもいられず、気がつくと動物園の檻や水槽の前にいるのです。

「あっ、福原さんじゃないですか？　そいつは、福原さんが事件で保護して、うちに預けてくれたカメですよ。ここに来たときは食欲がなかったけど、最近ではよく食べるようになりましたよ」

「そうそう、警視庁の摘発のおかげでペアが揃ったので、何年かかけて繁殖までもっていけるようになりました」

知り合いの飼育員から、そんな話を聞かされると正直ほっとしますね。そして、自分が関わった事件を思い出します。


自己紹介が遅れました。私は警視庁生活安全部生活環境課に勤める福原秀一郎と申します。担当は「環境事犯捜査」です。わかりやすくいえば、産業廃棄物の不法投棄の取り締まりや、絶滅のおそれのある動植物の密輸・売買事件などの捜査をする部署です。

私は２０１４年に希少野生動植物密売捜査において全国で唯一、警察庁指定広域技能指導官に指定されました。いわば全国でも珍しい「動物専門の警察官」というわけです。

生活安全部門に就いて約27年経ちましたが、所属する環境第三係と私は、いつしかマスコミから「警視庁の生きものがかり」と呼ばれるようになっていました。ええ、もちろん、警視庁に「生きものがかり」という係はありませんよ。でも、ご存じない方がほとんどだと思いますが、じつは生きものを専門とする係はあるのです。

私は、動物も植物も、微生物からゾウまで、すべて「生きもの」というくくりで捉えています。私たちの仕事には、多くの人に動物保護について知ってもらうという使命もあるので「生きものがかり」の名で親しんでいただけるなら本望です。

私ごとで恐縮ですが、私は２０１５年３月、「警察功労章」（全国優秀警察官）を受章しました。２０１６年1月18日には、長年、東京の治安維持に尽くした功績でただ一人、「平成28年警視総監特別賞（短刀）」を授与されました。警視庁職員にとって最高に栄誉のある賞です。

かつては警視庁の身内からも「動物の事件に関わる捜査など警察のする仕事か」と陰口を叩かれたこともありました。それでも、信念をもって進んだ結果、ようやく「生きものがかり」の仕事が認められたと感じられ、これらの受賞は感無量でした。

警察組織の中では決して華やかではありませんが、新しい道を拓くことができたと自負しています。

これらの受賞を機に、そろそろ後進に道を譲る時期に差しかかったと考えはじめました。そんなとき、私が携わった仕事を一冊の本にまとめる機会をいただきました。私が「生きものがかり」として携わってきた事件とエピソードが何かの役に立てるのならご協力しようと思いました。

この本を手に取っていただいた皆様には、「へえ、警視庁にはこんな仕事をしている警察官がいるんだ」「警察って生物多様性に貢献しているんだ」といったように、警察官の仕事に興味を持ち、理解を深めてもらえるきっかけになれば幸いです。

警視庁生きものがかり　目次

第1章　躍動する「生きものがかり」

第2章 「生きものがかり」誕生！

第3章
「生きものがかり」は今日も悪戦苦闘

第1章

「躍動する生きものがかり」

なにっ、動物園からレッサーパンダ、サル、希少カメが盗まれた⁉

警視庁に生活環境課が創設されたのは2002年10月でした。私は同課環境第三係主任として着任し、環境事犯を専門に手掛けるようになりました。

生活環境課が創設されてまだ間もない頃、大きな事件が起こりました。2003年3月～6月、東京都内、神奈川県、千葉県、埼玉県の動物園や生物研究所から希少動物が盗まれ、密売されるという、前代未聞の「窃盗・密売事件」が発生したのです。

生活環境課の捜査によって容疑者は希少動物マニア専門の密売ブローカーであることがわかりました。この「生きもの事案」をきっかけに、密輸がはびこるペット業界の実態を知り、生活環境課は多くの情報源を得ることになります。

さらに、希少動物の関西における密売ルート（私たちはこれを「関西ルート」と呼びました）の検挙へつながっていったのです。

2003年4月、横浜市立野毛山動物園の爬虫類館のドアが蹴破られてホウシャガメが2頭盗まれるという盗難事件が発生しました。

（※警察では、生きものの数はすべて「頭」で統一しています。本書では、植物以外の生きものの数を表すときは「頭」を使います）

ブラウンキツネザル

【学名】*Eulemur fulvus*

マダガスカル島北西部と北東部の森林に生息。体長約40㎝。キツネに似た顔をしており、体毛はこげ茶色、目はオレンジ色をしている。尾は太くて長い。果物や木の葉のほか、昆虫類やクモも食べる。

福原メモ

同じキツネザル科には、ブラックキツネザルというのもいるんですが、ブラウンとブラックの雑種を扱う事件があったときに、ワシントン条約では、科で指定された動物は同科内で交雑しても適用を受けることを知り、その後の捜査で「ハイブリッド」を意識づけるきっかけとなりました。

窃盗係が扱うものです。しかし盗まれた動物が国際希少野生動植物種であるということから生活環境課に連絡がもたらされたというわけです。それで窃盗犯罪専門の刑事部捜査三課と生活安全部生活環境課による、異例の共同捜査が始まりました。

その結果、密輸ブローカーの猫田（仮名）と共犯の犬山（仮名）がワオキツネザル1頭とホウシャガメ3頭を東京都内の路上で関西の医師海老沢（仮名）に58万円で密売し、次に海老沢が大阪のペット業者にワオキツネザルを25万円で販売したことも判明しました。

さらに、猫田と犬山は東京都の建築作業員牛島（仮名）にホウシャガメ2頭を30万円で密売していました。牛島はそのカメを埼玉県のペット業者に40万〜50万円で販売しようとしたところ、値切られて、仕方なく30万円で販売したことも判明しました。

ホウシャガメはその後、大阪市内の別のペット業者と千葉県の愛好家に1頭10万〜25万円で転売されていたことも明らかになりました。また、レッサーパンダは埼玉県所沢市の業者に250万円で売られ、その業者は秋田県の無職の男に339万円で転売していました。

この事件では、窃盗犯の動物ブローカー猫田と共犯の犬山、疑わしいルートだとわかっていながら希少動物を購入した医師の海老沢を検挙しました。その後、猫田は種の保存法違反と窃盗容疑で逮捕されました。一連の事件での逮捕者は6人、書類送検は6人にも上りました。

盗まれた動物は、生後間もないキツネザル2頭が死んだほかは、すべての生きものを証拠品として確保し、それぞれの動物園へ戻しました。

ところで、いくらプロの窃盗犯とはいえ、キツネザルやレッサーパンダをひとりで、しかも素手で捕まえるのは難しいものです。では、どのようにして捕まえたのか？

主犯の猫田はこう説明しました。

「レッサーパンダは網ですくって首根っこを押さえつけて捕まえ、袋に入れた」

「キツネザルはオリの中で騒いでいるのを捕まえ、カゴに入れて持ち出した」

猫田は動物が好きで、ある程度の知識も持っていました。まるで動物園の飼育係のように、動物を捕獲する際につかむべき部位を心得ていたのです。

どの動物園にどんな希少動物が飼育されているといったことも細かく調べていました。さらに、たとえば市川市動植物園にはレッサーパンダがいて、厩舎のどの柵を引き抜けば中に入れるとか、○○動物園は足で蹴れば柵が倒れるのですぐに侵入できるなど、そういったことまで下見によって綿密に把握していたのです。

当然のごとく希少動物の販売ルートも熟知しており、どういう動物がいくらくらいで売れるというマーケティングも周到でした。猫田は口コミのほかにインターネット上に掲示板を開設し、密売していたのです。

レッサーパンダやキツネザル、ホウシャガメなどの動物を購入しそうなペットショップ経営者には、自分から電話で密売を持ちかけていたようです。盗んだ16頭は総額約５５０万円で密売し、希少動物を購入した複数のペット業者は、また売買を繰り返したり、愛好家に販売したりしていました。

埼玉県こども動物自然公園から盗んだミナミクモノスガメはインターネットのオークションに出品していました。それを発見したのはこども動物自然公園の職員でした。

「サイトの写真と公園で飼育していたカメの写真を照合したところ、同じ個体だとわかりました。これは盗まれたカメです!」

インターネットで動物が売買されるようになったのはこの頃からでした。同時に、インターネットの普及で犯行が見えづらくなっていったのも事実です。

希少動物のコレクターやマニアはインターネットを介してつながりはじめました。全国どこにいても、情報を共有できるようになったのです。

そのこと自体は悪いことではないのですが、これまで購入するだけだった愛好家が、今度はオークションサイトを使って販売する側へ進出していったのです。ネットがあれば、無店舗でもどこにいても希少動物を販売できるようになりました。しかもオークションサイトを舞台に高値で取り引きされるようになっていったのです。

しかしいくら愛好家であったとしても、その動物が盗品であることを確かめる方法をみんながわかっているわけではありません。多くの愛好家は出所など気にせずに購入するもので

ワオキツネザル

【学名】*Lemur catta*

マダガスカル島南部に生息する固有種。体長35〜45㎝。尾が体長より長く、鼻面が長くて一見キツネに見えることと、尾に入っている白と黒の輪状の斑紋（輪尾）が和名の由来。食性は雑食。

福原メモ

密輸入のペット業者から聞いたのですが、この子がケージの中から手を伸ばして、トントンと肩を叩いたそうです。それを無視したら、恐ろしいうなり声をあげながら暴れて、ものすごい力でケージを引き倒したそうです。犯人は怖くなって二束三文で売ってしまったとか。

す。

「インターネットで動物が売買されるっていったいどういうことだ？」

情報通信の劇的な変化に対応できず、また通信機器の扱いを苦手とする捜査員ならここで「ああ、ついていけない」と感じたと思います。

私は問題なくついていけました。私は、まだワープロが一般的でない頃すでに購入していました。次にNECが開発した「PC-98」シリーズのパソコンを購入し、多くの人が電話をメインの通信手段としていた時代に、すでにインターネットメールを使用していました。ネット社会が到来しつつあり、捜査に必要と感じていたからです。

実際、あるチョウの密売でも、出品者は事前に客とメールで値段の交渉をしていました。

「埼玉県にこういう人間がいて、アレキサンドラトリバネアゲハを密輸し、国内で販売しようとしている」

といったタレこみ情報も、その頃からメールで入るようになっていました。

ネットで動物が簡単に売買される時代になると、当時はまだ一般的になっていなかった「ネットオークション」のログのしくみを正しく理解していないと、犯人を追いかけることができなくなりました。

「オークションサイトの管理者にログを請求して犯人を探し出す」

そういう方法を知っていないと、犯人をつかまえることができなくなってきたのです。

わっ、民家の2階にレッサーパンダがいるぞ！

販売の方法はなんであれ、盗難にあった動物や転売先の動物をすべて見つけ出し、それらが動物園から盗まれたものと同じであることを確認しなければ立件できません。

では、どうやって確認するかというと、動物園の担当者や専門家に鑑定してもらうのです。

市川市動植物園からレッサーパンダが盗まれた事件では、動物園からレッサーパンダのテンテン、ワタボウシパンシェのサンタの写真を借りました。市川市動植物園の職員はテンテンの写真を私に差し出し、次のように説明しました。

「レッサーパンダは1頭ずつ顔つきが違うから、もしどこかでテンテンらしきレッサーパンダが見つかったら、この写真で確認してください」

その写真をじっくり見れば、レッサーパンダの白い模様は個体によって微妙に違うことがわかり、「なるほどなぁ～」と納得しました。模様のつき方は同じなのですが、位置が少しずれていたり、離れていたりするのです。

「それに表情も人間並みに違うんですよ」と、職員は教えてくれました。

普段は「レッサーパンダの模様や表情が個体によってどのように異なるのか」などとは考

えもしないので、驚いたり感心したりするいっぽうで、「レッサーパンダの表情が人間並みに違うなんて、それはいくらなんでもオーバーだろう」と思っていました。

ところが、レッサーパンダが飼われている動物園へ足を運び、じっくり観察すると、確かに表情は違って見えましたね。いやはや、動物の世界は奥深くておもしろいものです。

さて、しばらく行方不明になっていたレッサーパンダのテンテンですが、2003年秋、秋田県の民家で飼われていることがわかり、ガサ入れ（家宅捜索）に出向きました。

外観を見ると、その民家の南側の2階は全面ガラス張りになっており、8畳くらいの部屋があることがわかりました。と、そのとき、ガラス越しにレッサーパンダの姿が見えたのです。

「いた、いた。レッサーパンダが2階にいたぞ！　外から見えるところにいるんだから間違いない」

「あっ、確かに、いる、いる！」

私が、その民家の呼び鈴を押したところ、購入した男の母親が現れました。母親に警察がなぜここに来たかを説明し、裁判所が発した捜索差押許可状を見せたところ、母親は「レッサーパンダは息子が購入したものだが、その息子は勤務先を退職後、部屋から滅多に出てこない」と話してくれました。そして、「刑事さん、2階の部屋にいますので、引っ張り出してください」と頼まれたのです。警察が来たことが母親にとっては「引きこもりを引き出

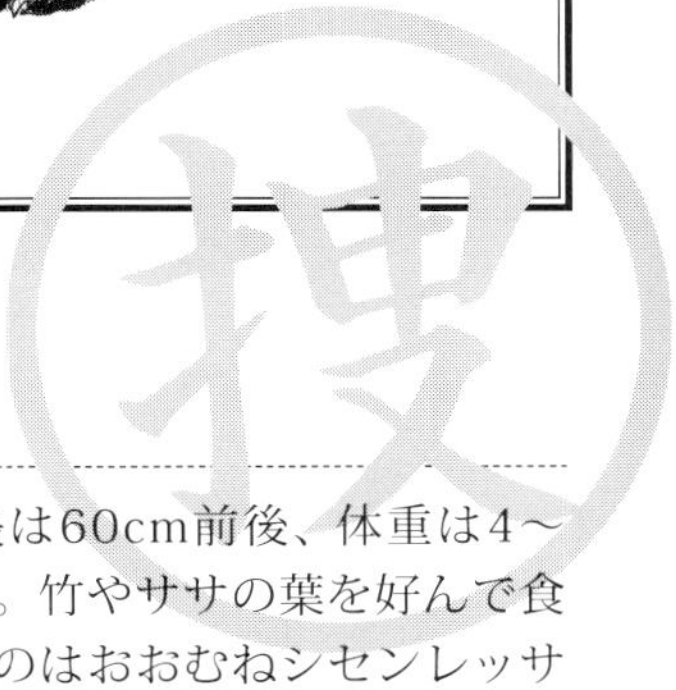

レッサーパンダ

【学名】*Ailurus fulgen*

主に中国四川省の山林や竹林に生息。体長は60cm前後、体重は4〜7kg。丸い頭、尖った耳、太く長い尾が特徴。竹やササの葉を好んで食べる。2亜種がおり、日本で飼育されているのはおおむねシセンレッサーパンダ。

福原メモ

動物園で見たときは「かわいいな」と思っていたんですが、捕獲するときの凶暴なことといったら！「パンダ」という名前で油断して甘く見ていると、大変な目に遭います。この子を抱っこして笑っている人の写真を見たことがありますが、そんなこと絶対無理です！

す」良い機会になったのではないでしょうか。

息子の部屋の前に立って名前を呼ぶと、呼びかける度に「ガサゴソガサゴソ」と獣が爪を立てている音がしました。大きな声で「開けろ！」と告げると、ようやく下着姿の男とともにアライグマが飛び出してきました。この男は、アライグマも部屋で放し飼いにしていたようです。私はその男に低い声で告げました。

「これは盗品だから差し押さえする！」

近くで見たレッサーパンダはとてもかわいい顔をしていました。私は部下に「おい、レッサーパンダを捕まえろ」と命じました。

ところが、レッサーパンダは危険を察知したのか、うなり声をあげ、爪を立てて激しく抵抗したのです。まったく手に負えませんでした。やれやれ、これもまた「生きものがかり」らしい現場といえばそれまでなのですが……。

仕方なく市川市動植物園の職員に電話を入れました。

「レッサーパンダを発見しましたが、我々の手には負えません。どうしたらよいのでしょうか？」

「わかりました。それでは、そこから一番近い動物園に協力してもらいましょう。こちらから連絡を取ってみますから、みなさんは無理して捕まえようとせず、しばらくそこで待っていてください」

こうして秋田市大森山動物園から獣医と飼育員が来てくれて、３人がかりでようやく捕獲しました。私の目には、駆けつけてくれた獣医と飼育員が「救助隊」に見えたものです。と同時に、「それにしても密輸ブローカー猫田は、よくぞこの手強いレッサーパンダをひとりで捕まえたものだ」と妙なところで感心したものです。いや、窃盗犯の手口に感心してどうする！

その日だけテンテンを大森山動物園に預かってもらい、翌日、新幹線に乗せて東京へ戻りました。テンテンはこうして「世界で初めて新幹線に乗ったレッサーパンダ」となりました。

その証拠写真として、念のためにテンテンが新幹線に乗っているところを撮影しました。でもそれは「記念撮影」ではないので、読者の皆様にはお見せすることができません。あしからず、ご了承ください。

私はこのとき初めてレッサーパンダを証拠品として押収したわけですが、初めて押収する動物の場合、その動物の専門家に「扱ううえでの注意事項」を聞いてから実行します。もちろん初めて扱う動物でなくても、証拠品が生きものであれば押収には細心の注意を払わなければなりません。

たとえば温暖な気候でしか生きられないカメの場合、段ボールの内側に使い捨てカイロを貼って保温し、段ボールの底と周囲にペットシーツを敷いて対応します。押収した生きものは裁判が終わるまでは絶対に生かしておかなければいけないので、貴重品のように丁寧に慎重に扱います。

ところで、テンテンが秋田県の民家にいるとわかったのは、密輸ブローカー猫田からテンテンを購入した埼玉県のペット業者の供述からでした。そのペット業者からテンテンを買った秋田県の男は肩を落として次のようなことを話しました。

「会社を退職して700万円ほどの退職金を得たが、その後、引きこもりになってむしゃくしゃしていたので、その退職金の一部を使ってレッサーパンダを買ったんだ。エサは近くで採ってきた笹を与えていた」

レッサーパンダを好きな人が買ったのだから、隠すことはあっても殺すことはありません。動物愛好家の気持ちはよくわかっています。法律で禁止されている動物を購入し、ひそかに飼っている人には、たとえばこんな具合に語りかけていきます。

「あんたも警察が来るのをわかっていたんだろ。でも、動物が好きならペットを殺さない。気持ちはわかるよ……でもね、このレッサーパンダは盗難されたものだ。しかも法律で売買が禁止されている希少動物なんだ……」

法律に触れる行為だとわかっていても、希少動物をペットとして飼いたがる人の気持ちは、珍しい動物を自分だけが所有したいという欲望のあらわれなのかもしれません。そんな気持ちにブレーキがかからず、犯罪に手を染めたのではないかと思われる人物に対しては、たとえばこんな切り出し方もします。

「珍しい動物、飼っているんじゃないの？」

このひと言で、事件が解決に向かったこともありましたね。

国内での売買や飼育が禁止されている動物を、法律違反と知っていて購入したり、飼育したりする人たちの特徴のひとつは、確かな定期収入があり、それなりに動物の知識があることです。職業でいえば、学校の先生や銀行員がそうです。そういう人たちが、趣味に使えるお金を持っていて、動物を飼育できる環境を設けることができるのです。収入のほとんどをペットに投じている独身の銀行員もいました。

そのいっぽうで、動物園や水族館、植物園などで働く人が生きものの不法な取引にかかわっていたケースは私の場合、ありません。彼らは日常的に生きものに接しているから、リスクを負ってまで不正な行為をする必要がないのです。そして彼らは何よりも生きものが好きで仕事に就いた人ばかり。生きものが虐げられるようなことを進んでやるわけがありません。


さて、このレッサーパンダ窃盗事件の捜査で私は、「容疑者の言葉を鵜呑みにしてはいけない」という大きな教訓を得ました。

埼玉県のペット業者に、猫田からどのようにしてレッサーパンダを買ったのかを尋ねたところ、ペット業者は次のように供述しました。

「路上で袋の中身を見ずに、すぐにお金を出した」

そんなこともあるのか、と一瞬納得しかけました。

いやいや、ちょっと待てよ。生きものを買う際に、しかも高額な値段がついているというのに、その大きさや色、健康状態などを確認せずに買うことがあるのだろうか、と疑いました。

これは取り調べの手が自分に及ぶことをあらかじめ想定した供述ではないか……。

不自然な買い方を追及したところ、「中身を確認せずに受け取った」と言えば自分に罪が及ばない、あるいは罪が軽くなると見込んでの供述だったことがわかりました。

本来は袋の中身を見て、その生きものがケガをしていないか、毛が抜けていないかなど確かめるはず。そこで、たとえば背骨が曲がっていたり、爪が割れていたりすれば値切るでしょう。

しかし、そのときの生活環境課のメンバーは、そういうことをまったく知らなかったのです。そもそも商売をやったことはなく、動物の売買のルールなど誰も知りませんでしたから。

この事件以降の捜査では、容疑者が「中を見ないで受け取った」「動物が入っているとは思わなかった」という供述をしたら、それは絶対にウソだとわかるようになりました。

容疑者の言葉を鵜呑みにしてはいけません。捜査とは、このような経験と学習の積み重ねで精度を増していくものなのです。

その後、私は多くの捜査を通じて、まっとうな業者はもちろんのこと、密輸業者も動物が移動中にケガをしたり死んでしまったりする割合を計算していることを知りました。

到着時に動物が死んでいる状態を「死着《しちゃく》」といいます。箱やケージに動物を入れて長時間の空輸をするので、空腹、動物同士のケンカによるケガやストレスから、常に何頭かは死ぬことを想定しているのです。それを踏まえて販売価格を決定するわけです。確かな利益を出すためには、あらかじめ死着を計算して値段をつけるということですね。「死着の多い業者とは取り引きしない」「死着の多い業者は信用できない」という話もよく耳にします。

その点、カメはエサを毎日やる必要がなく、暴れることもなく、長時間、箱に閉じ込めておいてもダメージが小さい。そのため、死着の心配が少ない。おまけに日本人はカメが大好き。そのためにカメの密輸はとても多いのです。

しかし、密輸入されたもので、私たちが保護する個体には、甲羅がゆがんでいるカメもいます。狭いケージの中でキャベツしか食べていない、カルシウム剤も与えられていなかったヘサキリクガメは甲羅がボコボコでした。もう治らないほどのゆがみになっていたのです。

そのボコボコの甲羅は、私の目には人間のエゴ、強欲さを象徴しているように映りました。

盗まれたカメを探して長靴のまま駅まで駆けた桐生さん

関東の動物園で起こった一連の窃盗事件のうち、ホウシャガメを盗まれた野毛山動物園の爬虫類担当の桐生大輔さんとは、この事件をきっかけに親しくなって以降、警察の証拠品となった動物のうち、主にカメをこれまでに100頭近くも引き取ってもらうようになりました。

桐生さんはホウシャガメが盗まれた日のことを後日、次のように話してくれました。

「2003年4月の、カメが盗まれた当日は平日で、来園者が少ない日でした。野毛山動物園は当時、リニューアル前で爬虫類館のドアがオンボロで、犯人は足蹴りしてドアの枠ごと倒して侵入し、開園時間中にホウシャガメ2頭を盗んでいったのです。ずいぶん乱暴な手口ですよね。

私は爬虫類館のドアに鍵をかけ、いったん事務所に戻り、事務作業をしていました。そして、夕方にその日の業務のシメの作業をするために爬虫類館へ行ってみたら、な、なんと、鍵をかけたはずのドアが開いていたのです。

『あれ、ドアを閉めていったはずなのに。おかしいな……』

ドアの枠がはずされ、デスクの上は明らかに私が出ていったときの様子と異なっていました。雑然としていたんです。『これはヤバい！』と思ってカメを見にいったら、案の定、ホウシャガメ2頭が盗まれていました。

私はほかの職員を呼んで『まだ開園中だからここにいてくれ！』とお願いして、そのときは横浜市の作業着を着て長靴を履いた格好でしたが、その格好のまま、無我夢中で最寄り駅であるＪＲ桜木町《さくらぎちょう》駅（横浜市中区）まで走りだしました。もしかしたら犯人は、カメを持って駅にいるかもしれないって思って……。

桜木町駅改札で『動物園からカメを盗んだ者が電車に乗るかもしれません。見させてください！』とお願いし、ホームを隅々まで探しました。

冷静に考えれば、そこにいる可能性は非常に少ない。誰にも見られずにカメを運ぶためにはクルマで来ることを選ぶはず。でも、そのときはそんなことを冷静に考える余裕もなく必死でした。桜木町駅にはいなかったので、次に京急・日ノ出町《ひでちょう》駅まで走って行きました。同じように駅構内に入れてもらい、ホームを見たけれど、犯人は、やはりいませんでした。落胆したまま、動物園までとぼとぼと歩いて帰りました。そして警察へ通報しました……」

野毛山動物園は野毛山と呼ばれる小高い丘の上にあり、ＪＲ桜木町駅からは徒歩15分ほどの距離にあります。動物園から桜木町駅まではずっと下り坂が続きます。桐生さんはその坂道を長靴のまま、ころげそうになりながら駅まで駆け下りたのです。この話を聞いたとき、私は強く心に誓いました。

「飼育係の人はこれほどまでに一生懸命なんだな。これは絶対に犯人を捕らえ、カメを取り戻さなくてはいけない」

桐生さんは怒りと悔しさをにじませてこう言いました。

「本当に悔しい……。模様のあまりきれいではないメス2頭が置いていかれ、模様のきれいなオス2頭が盗難にあった。オスを持っていかれたら繁殖できない。繁殖計画を練って大事に飼育していたのに、それを、犯人の奴、ぶち壊しやがって！」

幸いなことに、野毛山動物園から盗まれたホウシャガメ2頭は無事発見でき、動物園に戻りました。しかし夢見ケ崎動物公園から盗まれたエジプトリクガメは、東京都大田区の動物ブローカーが販売しようとしたものの、販売できないまま何頭かは死にました。ブローカーはその死骸を大田区内の道路の植え込みの中に捨てていました。

今でもエジプトリクガメの死骸が投棄された道路の植え込みのそばを通ると、捜査員5～6人で地面をはって死骸を探した日の姿を思い出します。

後日、桐生さんは、「エジプトリクガメは飼育が難しいため、上手に飼育できずに死なせてしまうケースが多い。それで売れなかったのではないか」と説明してくれました。

さて、無事発見されたホウシャガメですが、これが野毛山動物園から盗まれた個体である

ホウシャガメ（マダガスカルホシガメ）

【学名】 *Geochelone radiata*

マダガスカル固有のリクガメの仲間で乾燥した森林に生息する。最大甲長約40㎝。食性は植物食。ドーム状に盛り上がった甲羅にある放射状の模様が特徴で、「世界でもっとも美しいカメ」と言われている。

福原メモ

このカメにはもうひとつ名前がありまして、「禁断のカメ」と呼ばれています。私が「生きものがかり」の駆け出しの頃から、「これに手を出したヤツはえらい目に遭う」とペット業界では言われていました。関西の業者曰く、「ようあんなもん、手ぇ出しますなあ！」。

と鑑定してくれたのは、爬虫類と両生類を専門とする動物学者の千石正一《せんごくしょういち》先生でした。2012年にお亡くなりになるまで千石先生には、爬虫類・両生類の鑑定や、保護した動物の取り扱いの助言などでたいへんお世話になりました。深く感謝しています。

この事件で千石先生は盗難にあった2頭のホウシャガメの写真をもとに、甲羅の模様から同一の個体であると鑑定してくれました。

私はこのとき初めて「リクガメは個体によって甲羅の模様がすべて異なる」ということを知りました。

そういえば、人間の指紋は「万人不同」と呼ばれ、警察の捜査でもよく利用してきました。万人不同とは、「同じ人は2人と存在しない」という意味です。のちに桐生さんから、私たちの捜査に大事な情報を教えてもらいました。

「福原さん、じつはリクガメに限らず、ほかのカメの甲羅の模様も人の指紋と同じで、すべて異なるんです」

それを聞いた私を含む捜査員は、

「万人不同ならぬ『万亀不同』ですね。カメの甲羅は同じ模様のものはないから証拠品の確定ができるぞ」

と意気込んだものです。

こうしてホウシャガメが野毛山動物園から盗まれた個体と同一であると認定され、事件の調書を作成しているとき、私は何気なく桐生さんにこうつぶやきました。

「密輸で国内に入ってきたカメを証拠品として押収することがありますが、そのカメの受け入れ先がなくて大変なんですよ。預かってくれる施設はないですかねぇ」

すると桐生さんはパッと顔を上げ、私の顔を見て、こう言ってくれたのです。

「それなら、うち（野毛山動物園）で預かりますよ」

さらに、「なんでしたら、そのカメの鑑定書も書きましょうか？」と申し出てくれました。

こんなにありがたいことはありません。私は桐生さんに感謝しました。

2002年に警視庁に生活環境課が設けられる前まで、大阪では密輸入されたカメが堂々とペットショップで販売されていました。また、種の保存法施行以前も国際空港では密輸の摘発はしており、「ワシントン条約」違反として水際で防いできました。ワシントン条約の詳しい内容はのちほど説明します。

空港で確保した生きものの場合は、引き取り手を探して苦労していたのが実態でした。動物園・水族館の協会を通じて野毛山動物園にカメの保護を依頼するケースも多かったのです。

「案件のたびに係長や園長にこういうものを証拠物件として預かってもいいですか、と承認を得て受け入れてきました」

と、桐生さんから説明を受けて、私は安堵したのを覚えています。生きた動物という証拠品を保管するのはとても大変なことなのです。エサや温度管理も欠かせません。だから野毛山動物園が預かってくれることになり、本当に感謝しました。

それ以降、私はカメや爬虫類の押収があった際には、まず桐生さんに電話を入れるようになりました。

「今から証拠品を持って野毛山動物園へ行くけど、いい？」

「わかりました。係長に許可を取るので少し待っててください」

そんな短い会話のあと、桐生さんから「福原さん、ＯＫです」と折り返し連絡が来るのを待ち、承諾を得たら、すぐに生きものを丁寧に段ボールに入れてクルマに乗せて野毛山動物園まで運ぶのです。

野毛山動物園が証拠品を受け入れてくれるようになってから、捜査の進展が早くなりました。証拠品を納めることのできる施設を確保したわけですから。

先日、桐生さんにそのことを話したら、桐生さんは笑いながらこんなことを言ってくれました。

「カエルツボカビ症という伝染病の発生が国内で確認された頃、福原さんから、カエルを預かってほしいと申し出られたときは、さすがにお断りしましたね。それ以外はだいたい受け入れています」

爬虫類を桐生さんに預けると、彼が全国の動物園にアレンジしてくれるのです。ですから警視庁で保護したカメについては桐生さんに預けておけば安心です。保護した個体を野毛山動物園がほかの動物園に譲ることは法律的にはなんら問題はありません。環境省に報告するだけです。

このほかにも桐生さんには、いろんな協力をしてもらっています。急ぎ事案のときには桐生さんが公休日でも、彼の携帯電話へ電話をかけてしまいます。

「×××（爬虫類の名前）なんだけど」と切り出します。

野毛山動物園に保護を依頼したカメで思い出すのは、国の天然記念物で沖縄県固有のカメであるリュウキュウヤマガメです。

あるとき、事件関係者から「大阪の動物病院にやばいカメがいる」という情報が入りました。

「ん、やばいカメってなんだよ？」

その動物病院へ出向きました。すると待合室に水槽が置かれており、そこにリュウキュウヤマガメがいたのです。天然記念物は文化財保護法で保護されているので、飼育の許可はよほどのことがない限り下りません。

その病院の獣医は次のように説明しました。

「このカメはある日の朝、病院の前に置いてあったんです。このまま遺棄するわけにいかないので自分で飼うようにしました……」

「はあ？　ある朝、カメが病院の前にいた……」

「ええ、そうです」

リュウキュウヤマガメがどこかわからない場所から動物病院まで歩いてきたのか、誰かが病院の前に放置して立ち去ったのか、あるいは獣医が誰かから譲り受けたのか、それとも長い間どこかに隠して育てていたのか……。

それでは、どうして今になって通報があったのか……。飼えなくなった理由があったのか、それとも誰かに告発される前に先手を打って拾得物として届けたのか……。

いずれの可能性も証明できないため、事件には至りませんでした。私はこのとき、リュウキュウヤマガメの顔を見つめながら思いました。

「ああ、このカメがしゃべってくれたらなぁ。おまえがしゃべってくれたら、事件はすぐに解決するのに……」


警視庁では、当然のことながらリュウキュウヤマガメを飼育することはできないので、生活環境課が引き受け、野毛山動物園に保護を依頼し、快く引き受けてもらいました。

そして2014年11月、野毛山動物園でリュウキュウヤマガメの子ガメが孵化《ふか》したのです。沖縄県以外での繁殖成功はこれが初めてでした。子ガメの「父親」は2012年に私が保護したカメでした。もちろん、子ガメの顔を見にいきましたよ。

リュウキュウヤマガメ

【学名】 *Geoemyda spengleri japonica*

沖縄島北部・渡嘉敷島・久米島の山地の林に生息する。背甲に3条の隆起があり、甲羅のふちにノコギリの歯のようなギザギザがあるのが特徴。最大甲長約15.6㎝。ミミズ、カタツムリ、昆虫、果実などを食べる雑食性。

福原メモ

ヤマガメの甲羅はたいていボコッと盛り上がっているものなのですが、この子はヤマガメなのに、スマートな甲羅なんです。同属に「スペングラーヤマガメ」がいるんですが、この子もやはりスマート。初めて見たときは「この美しさは日本の宝だ！」と心を奪われました！

そのとき、桐生さんは目を細めて話してくれました。

「私は自宅でも動物を飼っていて、繁殖させるのが好きなんです。動物を飼うことが好きで飼育係になったものですから。ペアが揃ったら繁殖させたいと思ってきました。ヘサキリクガメ、ホウシャガメ、リュウキュウヤマガメなど、警視庁の摘発でペアが揃えば、何年かけて繁殖までもっていけるようにしたいと思ってきました」

桐生さんは動物園でも自宅でもカメを飼っている数少ない人です。カメは6種類、合計20頭くらい飼っているそうです。

自宅でも繁殖して増えていくので、最初は知り合いにあげていたそうですが、「もうもらい手がいなくなり、最近は繁殖させないようにしています」と苦笑していましたね。

桐生さんは自宅でも優秀な「生きものがかり」だったのです。

密輸入ブローカーと業者による「関西ルート」壊滅へ

関東一円で起こった一連の希少動物の窃盗事件が解決しかけた頃、最初に「東京で盗まれたキツネザルを購入した」と情報を提供し、自首してきた大阪のペット業者から、こんな情報がもたらされました。

「大阪の爬虫類専門店経営者の馬場（仮名）からヘサキリクガメを100万円で買った地元

の医師海老沢（仮名）が、そのカメの具合が悪くなったと言って馬場に返したようだ」

海老沢は、先に紹介した関東での一連の窃盗事件でワオキツネザルとホウシャガメを購入した人物です。

「懲りない奴だな、海老沢は。今度はヘサキリクガメか……」

ヘサキリクガメはマダガスカル島のみに生息する絶滅危惧種で、１９８０年代に世界で４００頭ほどしか確認されていないため「幻のカメ」と呼ばれています。情報がもたらされた２００４年時点では当然、日本への輸入実績や個体登録はありませんでした。

「ふむ、これは密輸事件だな！」

そう確信し、生きものがかりは色めきたちました。

ところが、この頃はまだ「生きものがかり受難の時期」で、当時の上司から「大阪のカメじゃなくてほかの事件をやれ！」と命令されたのです。

「将来的には関東に及ぶ事件になりかねません。それよりなにより世界的な希少動物を放置できません」と私は食い下がりましたが、上司に理解してもらえませんでした。

さらに、私があまりにもしつこく食い下がったため、「頭を冷やせ」という意味から、私は一時期、捜査チームから外され、上司から「デスクワークをしてろ！」と命令されたのです。……さすがにこのときは辞職を覚悟したなぁ……。

その間、上司たちの間でどのような意見のやりとりがあったのか、私にはわかりませんが、1週間くらいの謹慎期間を経て帳場（捜査本部）に復帰することができました。

話を戻します。大阪のペット業者がもたらしたヘサキリクガメの売買情報は関西ルート解明の端緒《たんちょ》（「捜査のきっかけ」のこと）となりました。このあたりから、生きものがかりは徐々に存在感を発揮しはじめます。

前出の密輸ブローカーの猫田が販売した先が関西のペット業者だったので、関西には独自の販売ネットワークがあるのではないかと推測していました。のちに判明するのですが、この事件のずいぶん前から、密輸入ブローカーが介在するルートが形成されていたのです。生活環境課の捜査チームはこれを「関西ルート」と名づけ、すぐに大阪へ出向いて裏づけ捜査を開始しました。

捜査を続けていくと、関西ルートは複数の密輸ブローカーとペット業者のネットワークで構成されており、キーマンとなる人物を通じて同様のネットワークである中部ルートとも接点があることがわかってきました。

なんらかの利害関係のあるネットワークはとても複雑になっているため、捜査チームは組織的な密輸入・不正登録事件と捉え、事件チャート（相関図）を作成しました。これはこれから旅する海に航路をつくるような作業で、捜査方針を固めるうえで重要な仕事です。

端緒を得てから事件チャートをつくる過程は、「よーし、関西ルートを壊滅に追い込んでやる！」といった具合に、刑事魂がどんどん燃えてくる時間です。

事件チャートをつくっていく過程で、次から次へと容疑者たちの人間関係が明白になり、誰が密輸入して誰と誰に販売した……といったストーリーのプロセスが明確になってくるのです。

関西ルートでは、まず医師の海老沢を逮捕しました。彼は病院とは別棟に動物の飼育スペースを設け、片手間でペットショップを運営しようとしていました。

次に、ヘサキリクガメを密輸入した関連で、バンコクに倉庫を構える兵庫県の密輸ブローカー猪口（仮名）、関西のペットショップ経営者鹿内（仮名）とその共犯者でペットショップ経営者の鶴田（仮名）を外為法、関税法、種の保存法違反で逮捕しました。彼らは関西ルートの中心にいる大物でした。

この時期からしばらく関西の業者の間では、「店の付近に〈わ〉ナンバー（レンタカーのナンバーです）か品川ナンバーの車が駐車していたら、気をつけたほうがええでぇ」とささやかれるほど、生きものがかりの奇襲攻撃は恐れられていたようです。

この事件ではそれぞれの供述から、猪口、鹿内、鶴田の3名は、タイ国内で国際的密輸ブローカーのバングラデシュ人やタイ人などからヘサキリクガメやホウシャガメを買い受け、鹿内とその共犯者鶴田がタイのドンムアン空港でカメを靴下に入れて隠し、関西国際空港まで運んでいたことがわかりました。

生きものの密輸にはいろんな方法がありますが、小さな動物の場合、洋服やズボン、下着の中に隠して飛行機に乗り、機内でいったん取り出し、降りる際にまた靴下や下着の中に隠して入国ゲートを通過するという方法が多いようです。

先の3名はこのような方法で国内に密輸入し、関西地方を中心に密売していたのです。関西ルートの解明では、ヘサキリクガメの密売に関する大物を逮捕し、大きな成果を挙げることができました。なお、このとき押収したヘサキリクガメは野毛山動物園で保護してもらいました。ちなみに、世界でもヘサキリクガメを飼育しているのは、ハワイのホノルル動物園と野毛山動物園のみです。

この当時、関西ではペットショップの店頭に密輸した動物が堂々と並んでいました。たとえば人気の高いホウシャガメは、関西のペットショップではごく当たり前のように販売されていたのです。ショップに供給していたのが密輸ブローカーたちです。

苦々しい経験もあります。珍しいカメがペットショップで販売されているという情報をもとに、ペットショップを家宅捜索したけれど、該当するカメはいなかったというケースです。そこで私は店主に尋ねました。

「××××という種類のカメを売っていると聞いたが、そのカメはどうしたんだ?」

「あっ、あのカメはカラスがくわえて持っていったよ……」

「えっ、カラスがカメをくわえて……そんな、アホな!」

これは関西人の好きな「ボケ」と「ツッコミ」のやりとりではありません。実際にあった

ヘサキリクガメ

【学名】*Astrochelys yniphora*

マダガスカル島北西部バリー湾周辺に生息。甲羅の喉の下の部分（喉甲板）が船のヘサキのように前に伸びているのが名前の由来。最大甲長約45cm。食性は植物食。リクガメの中で最も絶滅の危機に瀕している種類。

福原メモ

1996年、マダガスカルの繁殖場で、このカメが73頭盗まれました。甲羅には1から73までの背番号が刻みつけられているそうで、我々は当時、「この窃盗犯を探して、背番号付きのカメを探し出せ！」というのを合い言葉にしていました。遠い国の窃盗犯を日本で捕まえる可能性があるのも、この係ならでは、です。

やりとりです。カメの大きさにもよりますが、カラスがカメをくわえて飛び去ったという話はよくあることなのです。こういったケースでは、もちろん立件できません。

ペット業界には、したたかな連中も多くいます。怪しいけれども証拠がない場合、動物を押収しても、それが不正な手段で入手したと立証できず、ペット業者へ返却しなくてはいけないケースもありました。

押収した動物を返還するときは、警察から所有者へ還付請書を交付します。それを捜査員や客に見せて、「警察が捜査しても大丈夫です。うちは不正な動物を扱っていません。ほら、警察が出した還付請書がここにあるでしょ」と、逆に利用している業者もいました。

還付請書は確かに警察の捜査が終わったという証拠になります。警察が不正なしと認めたという「お墨つき」と同じ力があるのです。また、そのように利用することは、法律上問題はないのです。

「世の中にはしたたかなヤツがいるなぁ」

と、そのときは捜査員同士で顔を見合わせ、思わず苦笑いしました。

さて、関西の医師海老沢の後日談ですが、彼は罰金50万円を支払ったあと、計画していたペットショップの経営はせず、医者に専従しました。以前電話で話をしたときには、こんなことを言っていました。

「法律に触れる危険のある野生の動物を飼うことからは足を洗いました。今、夢中になっているのはザリガニです」

「そうか、ザリガニか……」

さらに最近では、ザリガニから発展し、新たな動植物に夢中になっているという噂が耳に入ってきています。

一時期、派手なビジネスを展開していた業者のなかには、ある日連絡をよこして、こんな報告をしてくれる者もいます。

「福原さん、俺、爬虫類業界から足を洗いました」

自身の人生を見つめ直し、そのときの心情を赤裸々に話してくれる者もいます。

「このまま続けていたら、自分はまた同じ過ちをおかしてしまう。この機会に足を洗い、違う商売をやります」

大阪のペット業者でした。一度、それを確かめに行ったことがありました。本人は親の仕事を継ぎ、真面目に働いていましたよ。

このように私は、更生した人たちと後日、話をすることがあります。そんなとき、心から「よかった」と感じます。この仕事を続けてきてよかったと。そのときの心境は、まさに「罪を憎んで人を憎まず」ですね。

ペット業界の大物、登場！

関西ルート解明の過程で、ペット業者亀山（仮名）の名前が挙がりました。ペット業界で知らぬ者はいない大物です。

亀山は学生時代から動物の飼育では名前が知られていました。私は亀山と電話で話をしたことがありましたヘサキリクガメに関わる密輸事件の捜査のとき、私は亀山と電話で話をしたことがありました。そのときは、前出の大阪の爬虫類専門店経営者馬場の情報収集のためでした。

最後に私の連絡先を伝え、

「これから、何かあったら協力してよ」

と言って電話を切りました。のちにその馬場からの情報をきっかけに私と亀山が捜査で激しく対峙し、約2年にも及ぶ攻防を続けることになるとは、このときは思いもしませんでした。

私が保安課にいるときも何度となく「亀山は怪しいぞ」「○○事件の黒幕は亀山なんじゃないか？」といったように、よく名前は挙がっていました。顔を見るために亀山の会社まで行ったこともありましたが、警察による検挙歴はありませんでした。

現在であればインターネットを使えば、一般の人でも英語で現地の業者とやりとりできますが、この当時はまだ一般の人が海外から生きものを輸入できる時代ではありませんでした。外国語が堪能で現地にネットワークのある、ある程度大きな業者しか輸入できなかったのです。そのうちの一人がペット業者の亀山だったのです。

視点を変えれば、輸入業者が密輸入や不正登録などに手を染めやすい時代であったともいえます。いっぽう、創立して間もない生活環境課はまだ情報収集能力が乏しく、希少動物の密売についてはようやく関西ルートや中部ルートがあることに気づいた頃でした。

のちに多くの事件で特定のエス（スパイの隠語）から信頼性の高い情報が提供されるようになりましたが、それは捜査員が長い時間をかけて信頼を積み重ねて以降のことです。

「亀山は希少動物の不正登録をしているのではないか」

という情報を提供したのは、関西ルートの捜査で逮捕した大阪の爬虫類専門店経営者の馬場でした。

彼は逮捕されて自分の行為を悔い改め、自分の周りにはびこる、すべての悪行を排除したいという懺悔の念から口を開いたのでした。

私は覚せい剤の事件捜査に携わっていたのでよくわかりますが、覚せい剤（シャブ）事件で売人（密売人）が割れる（身元が判明する）のは、シャブを使って警察に逮捕された者が「もう二度とシャブに手を出さない」という強い気持ちから、警察に売人の名前や連絡先を話すからです。

先に紹介した「爬虫類業界から足を洗いました」と連絡をくれたのが馬場です。彼はその理由をこんなふうに説明しました。

「福原さん、関西でこの商売を続けていたら、絶対に密輸ものに手を出しまっせ、ほんま絶対に！　なんでか言うたら、密輸ものを売りに来る者がたくさんいてるし、お客さんも『アレ（密輸のカメなど）ないか？』って聞いてきます。そしたら、自分はまた必ず密売に手を染めまっせ。そやから、爬虫類業界から、きっぱりと足を洗うと決めたんや」

そして馬場はこう言いました。

「福原さん、こういう噂を知ってますか？　亀山は紙（登録票）だけ借りているらしいですよ。『カメは借りず紙だけ借りて卵が孵《かえ》ったのはおかしな話だ』と、周りの業者が噂していますよ」

それは馬場が収監される前の「置き土産」になりました。この情報が希少動物の不正登録事件と詐欺事件、さらに密輸の中部ルート検挙の端緒となったのです。

「ペット業界の大物の、あの亀山か……」

「そうです。その後、亀山はホウシャガメを繁殖させたという噂ですが、これ、どう考えてもおかしくないですか？」

その当時、ホウシャガメは国内で13頭ほどの登録個体がありました。これは正規に輸入され、環境省に登録された個体の数です。ホウシャガメは一部で「世界一美しいカメ」と呼ばれ、愛好家の間で羨望の的になっています。

亀山がホウシャガメの登録申請をしたという事実があるのか、環境省に照会したところ、ありました。

「じつは亀山から登録申請が出ています。疑わしい部分はあるが、今のままだと受理せざるを得ません」

２００４年7月、亀山の登録申請は受理され、登録票は登録機関の自然環境研究センターから24通交付されました。「大阪のペット卸売業者犬養（仮名）が亀山に貸したホウシャガメが交配により産卵・孵化して、24頭のホウシャガメが誕生した」という内容で登録申請し、それが受理されたのです。

亀山がもしホウシャガメを国内で繁殖させたと偽って環境省に偽装の登録をしていたのだとすれば、それは種の保存法違反（不正登録）に該当します。

しかし亀山の不正登録を立件できる突破口は容易には見つけられませんでした。彼はすこぶる頭が切れる人物で、ホウシャガメの繁殖データは正確で緻密だったからです。亀山はのちにこんな話をしてくれました。

「こちらも生きものに関してプロのつもりでいるから、動物を繁殖したとして登録申請するときは、完璧に見えるデータを捏造するんです。偽装登録とは、繁殖データを偽装したものです。完全にないものを生み出すわけです。学術的見地から見て納得できるデータを作成しているので、専門家が見ても通ってしまう。そこまで手が込んでいるんです。素人では絶対に無理だというものをつくっている自負がある。それをひっくり返せるはずがない、という気持ちもこっちにはありました」

当時、亀山には、自社で輸入した大型のカメが死ぬという不運がありました。そこで彼は死んだ原因を探ろうとして腹を開きました。すると卵が出てきたのです。それでピンと来たそうです。

カメの卵の形状には、ミシシッピアカミミガメの卵のように楕円形のものと、ホウシャガメの卵のようにピンポン球タイプのものがあります。亀山がカメの腹を開いて見つけたのは、後者の卵だったようです。

環境省の登録票と卵があれば、こんな操作ができる。卵を孵卵器に入れて、ホウシャガメがその卵から生まれたかのような写真をたくさん撮っておけば証拠になる。40万～50万円以下でしか密売できないホウシャガメが、正規の個体として90万～１００万円以上で売れる……そう考えたのです。

あとでわかったことですが、亀山は２００４年8月から12月までに、個体登録を受けたホウシャガメ13頭を正規の個体として複数の業者に合計約１４６５万円で販売していました。

当時、私は亀山の会社へ出向いたり、彼に地元の警察署まで来てもらったりして、何度も何度も亀山の取り調べを行いました。しかし残念ながら、そのときは彼の不正を暴けませんでした。先述したように、そのデータは「専門家が見ても通ってしまう」ほど手が込んでいたからです。

これもまたあとでわかったことですが、亀山は私が行った取り調べの様子を、隠し持っていたICレコーダーで録音していたというのです。このような「強敵」に出会ったのは初めてのことでした。

亀山がペット業界でここまで大きな存在になったのは、ペットの取り扱いの数だけでなく、頭脳明晰さや度胸もあってのことだと悟りました。

自分の人生で最も面倒くさい被疑者と対決！

「……クソっ、もう打つ手はないのか！」

新たな展開もなく行き詰まっていたとき、関東の業者から次のような情報がもたらされ、行き止まりだと思えていた洞窟に一筋の光が射したようになりました。

「亀山の疑惑はホウシャガメの不正登録の件だけではないですよ。ワニのマレーガビアルの卵を、群馬県の動物園から持って帰ったらしいですよ。それも怪しいことに、孵化せず腐った卵を大事に持ち帰ったらしいんです……」

結果だけを見れば、ペット業界の頂点に立つ亀山は、ふたたび同業者からの情報によって、頂点から引きずり降ろされることになったのです。

「腐った卵を大事に持ち帰った？　あいつは、いったい何をやろうとしていたんだ」

亀山のふてぶてしい顔が目に浮かびました。マレーガビアルは、インドネシアとマレーシアに生息する絶滅危惧種です。口先が細長いワニです。

その後の捜査で亀山は、群馬県の動物園から譲り受けた5個のマレーガビアルの卵から4頭が孵化したとする虚偽の登録申請書を作成し、２００３年12月に登録機関の自然環境研究センターから登録票４通の交付を受けていたことが判明しました。

亀山は登録申請の際、親ワニの入手経路の書類や登録個体の写真などを提出していました。さらに、飼育日誌や作業記録、孵化の写真なども追加で提出していました。

さらに、翌２００４年1月、「マレーガビアル本邦初　ベビー」と題して、登録票をつけて販売を開始。正規の個体であると信じた広島県のペットショップ経営者に１０３万円で販売していたことを突き止めました。

私の頭の中ではこの事件で亀山を逮捕できるという構想ができていました。

「亀山は登録機関にウソの書類を提出し、登録票の交付を受け、広島県の業者に密輸ルートで入手したマレーガビアルを販売した。この業者は不正であれば買わなかったはず。これは詐欺の要件になる。最終的には、詐欺罪を適用して懲役に送り込もう。法定刑10年以下で間違いなく塀の中へ送り込めるはずだ」

マレーガビアル（ガビアルモドキ）

【学名】 *Tomistoma schlegelii*

インドネシア、マレーシアの川や沼に生息する。クロコダイル科のワニの一種。体長300〜500㎝。口吻が細長くガビアルの仲間に見えることが和名の由来。食性は動物食、主に魚を食べる。

福原メモ

この子の事件を扱っていたのは、ちょうど東日本大震災で計画停電が行われた頃。変温動物なので保温しないと死んでしまうかもしれないので、停電で保温器が使えないとき、生き延びられるか、とても不安に思ったことを今でも思い出します。ああ、無事でしたよ。よかったです。

当時の種の保存法違反の不正登録は罰金50万円以下でしたが、この大物にはこの刑罰は緩いと考え、入り口を「免状等不実記載罪」として進めました。

免状等不実記載罪とは、公務員に対し虚偽の申し立てをして、免状・鑑札・旅券に不実の記載をさせた者に成立する犯罪です。刑法157条2項に規定されています。

この罪状をあえて盛り込んだのには、それなりの理由がありました。それは、種の保存法違反の不正登録は当時、罰金50万円以下の罰則だけで身柄を拘束する逮捕状の請求が見送られる可能性があったからです。つまり、逮捕状請求の際、「身柄拘束の必要なし」と裁判官に判断されかねないと考えたというわけです。

当時の種の保存法全般に当てはまることですが、刑罰が軽すぎましたね。譲渡・譲受違反の場合、最高でも懲役1年以下、100万円以下の罰金でした。

罰金といえば、関西出身のある被疑者から、こんな皮肉を言われたことがありました。

「福原さん、ホウシャガメ1頭の販売価格が100万円から200万円なのに、罰金が100万円以下って、みんな笑ってまっせ。それと懲役1年以下なんて……。行政はカメが何十年生きるか知っているのかね？」

彼の指摘は図星でした。要するに、抑止力と実務性がなかったのです。実務性がないとは「使えない法律」という意味です。そうですよね、使おうとする条文の罰則が罰金のみですから、令状請求しようとする捜査官も「こんな軽い刑のために逮捕状を取ってもよいものか」と迷うでしょう。

実際のところ罰金100万円なら、ホウシャガメ1頭売れば払えます。懲役1年という刑罰は、初犯だとほとんど短い執行猶予がついて、刑務所に入らなくても済みます。

そういう実情だったので、「犯罪行為と生物多様性を秤にかければ、犯罪行為のほうが守られているのか」と、私はいつも憤りを覚えていました。これら罰則の重罰化への改正には、8年近い歳月がかかります。

私はこの状態を何度も環境省の担当者に訴えました。それでも、なかなか動いてくれなかったので、亀山の事案について「同じ行為でもほかにもっと重い罰則は適用できないか」と考えたのです。

こうして亀山の不正行為による登録票の交付の罪状を免状等不実記載にし、密売行為を単なる譲渡違反でなく詐欺と捉える事件化へと向かわせたのです。こうすることで事件の「座り」がよくなるのです。座りがいいとは、事件が落ち着くべきところにきちんと落ち着くということです。

このような構想を練って、「よし、これで亀山を逮捕しよう」と捜査を進めました。

マレーガビアル事件で亀山を起訴する突破口となったのは、彼が群馬県にある動物園から腐った卵を持って帰ったことが事実であると裏づけされたからでした。これを証言したのはその動物園の熊川（仮名）でした。

捜査チームは、まず熊川から「亀山が腐った卵を持って帰った」という証言を得て、次に亀山によるマレーガビアル不正登録の証拠も固め、亀山に対して1回目の逮捕に踏み切りました。熊川も後日、不正登録の共犯で逮捕しました。

亀山の逮捕は早朝6時頃、彼の自宅兼事務所でした。亀山は後日、このように話してくれました。

「3日前からアンテナを伸ばしたテレビ中継車が事務所の近くで駐車していたので、ああ、自分の逮捕の瞬間の映像を撮影しようと待機しているんだなとわかった。だから、そろそろ逮捕に来るのはわかっていた」

亀山は翌朝逮捕に来ることを予期して、深夜2時頃、寿司屋へ行ったそうです。そのとき、すでに腹をくくっていたのでしょう。

事務所を併設している亀山の自宅のチャイムを鳴らすと、私たちの到着を待っていた亀山がドアを開けました。

「重要な話があって来たよ」

「どうぞ、どうぞ」

「モノ（問題になっているマレーガビアルのこと）に関連する証拠品を見ようか」

そこでマレーガビアルの不正登録に関連する証拠品を押収しました。そのあとで、

「じゃあ、これから東京（警視庁のこと）へ行こうよ」

と声をかけ、亀山を車に乗せました。事務所には彼の会社の社員もいたし、近くにはマスコミの取材クルーも待機していました。そこで、事務所の中での逮捕はやめたほうがよいだろうと判断しました。

東京へ向かう移動中の車の中で亀山に、

「じゃあ、逮捕するよ」

と告げました。これが亀山の第1回目の逮捕でした。

では、亀山にマレーガビアルを受け渡したのは誰だったのでしょうか？

捜査を進めるうちにわかってきたのが、亀山と中部ルートの大物との接点です。中部ルートの密輸が盛んになったのは、2005年2月、愛知県常滑《とこなめ》市に中部国際空港「セントレア」が開港し、海外が近くなったことが背景にあります。

当時は密輸ルートの捜査はまだ手つかずの時代だったので、関西ルート、中部ルート、関東ルートの3つのルートが同時進行していたことに気づきませんでした。

最初に捜査を始めたのは先に書いたように関西ルートでした。その途中で中部ルートがあることがわかってきたのです。この「○○ルート」という呼び名は、密売ブローカーや業者たちが呼んでいたもので、それを警察でも使うようになり、すっかり定着しました。

亀山は岐阜県の密輸・密猟ブローカーの蜂矢（仮名）や、岐阜県のペットショップ経営者の鷲津（仮名）とつながっており、蜂矢は名古屋市の密輸ブローカー猪瀬（仮名）と親しくしていました。そして、蜂矢と猪瀬は密輸した希少動物を中部ルートに供給していました。亀山が書類申請に使うための子ガメを、彼に売り渡したのは鷲津であったことも判明しました。そう、亀山の事件の供給源は中部ルートだったのです。

蜂矢と猪瀬は輸入承認を受けずにマレーガビアル4頭を成田空港まで運び、関税に申告することなく通過して国内へ運び込みました。これを60万円で購入したのが亀山だったのです。さらに亀山に、ある動物園でマレーガビアルが日本で初めて卵を産み、そのうちの1個が孵化したという情報を流したのは蜂矢でした。

蜂矢は亀山にこう伝えたそうです。

「マレーガビアルが孵化した動物園の熊川が誰かに売りたいと思っているようだ」

そこで亀山は熊川に電話をして確認しました。

「マレーガビアルがたくさん孵化したそうだけど、誰かに売ったの？」

亀山はそう切り出して熊川に探りを入れました。

「売ってないよ。確かに卵を何個も産んだんだ。でも、1個しか孵化しなかったよ」

と熊川は答えました。そして、「でも、孵化しなかった卵なら、まだ残っている」と付け加えたのです。

ここで、頭の回転の速い亀山は熊川にこう依頼しました。

「うちに、あるルートから入手したマレーガビアルが4頭いる。この4頭はそっちで孵化したことにしてくれればいいんじゃない？」

「なるほど。ああ、いいよ」

と、熊川は承諾しました。

こうして亀山は死んだ卵を譲り受け、自分のところで孵化したとする写真は、群馬県の動物園が繁殖に成功した際に雑誌に載せたものを転用するなどして、データを捏造していったのです。

まずは不正登録に使われたマレーガビアルを仕入れた蜂矢を逮捕しました。蜂矢と鷲津の自宅からは200頭近くのホウシャガメを押収しました。

この事件のポイントは、カメやワニが密輸されたものであると最初からわかっていたら、善良な被害者は亀山から買わなかったということです。ワニやカメが密輸品であることをまがりなりにも立証しておくことが事件の座りをよくするのです。

七転び八起き。公判でどこからつつかれても起き上がれる事件にするために、猪瀬の逮捕が喫緊の課題でした。

今でも忘れることができないのですが、事件を担当してくれた検察官に、「猪瀬をなんとか捕まえられそうだ」と話しに行ったとき、それまで忙しそうにパソコンに向かって入力していた検察官がその言葉を聞いた瞬間、急に入力の手を止めて、私のほうを向いたのです。検察官も口には出さなかったけれど、私と同じことを考えていたのでしょう。

ところが、主犯格の密輸ブローカー猪瀬はすぐに逮捕できませんでした。彼はマダガスカルの刑務所で爬虫類密輸出の刑に服していたからです。マダガスカルの刑務所にいる受刑者を日本の警察が逮捕することなどできません。

「なんてこった！　マダガスカルの刑務所にいるホシ（犯人）などどうして逮捕できるものか」

しかし私は猪瀬の逮捕を諦めませんでした。その後、私は猪瀬を逮捕するべく海外へ向かうことになります。そのときの様子はこのあとで詳しく話します。

さて、強敵であった亀山ですが、逮捕されたのち、次のように当時を振り返って話しました。

「逮捕される1ヵ月ぐらい前かな。熊川さんから電話があって、『ごめんね』と言ってきたんです。『孵化しなかったマレーガビアルの卵を亀山さんに渡した、と話しちゃったよ』と。つまり、警察に真相を白状したということです。そこで、自分は熊川さんの立場も理解し、『いいよ。それはしようがないよ』と返事しました。

だから、それから逮捕までの1ヵ月ぐらいは、いつ警察が令状を持って来るかと思っていました。

でも、もう逃げ隠れしてもしようがないしね。ただ、こういう不正な行為は人から漏れるんだなと思った。自分としては完璧を期したわけです。でも、自分ではなくて、他人からほころびが出るんだなと痛感したものです」

そして最初の逮捕から約20日後、勾留中であった亀山をホウシャガメの不正登録で再逮捕しました。このまま保釈すると逃走のおそれがあったからです。裁判所に次のように説明しました。

「亀山はホウシャガメを、登録票をつけて売った。そのことを知っていればまず買わない。でも、買った場合は詐欺にあたるこれだけのことをやっている人間なので、一度見失うと事件の解明はできませんよ」

裁判所は私の説明に納得し、令状が発行されました。じつは私がどうしても崩したかったのはホウシャガメの事案でした。

亀山はマレーガビアルの不正登録事件については10日間で自白しました。しかし、ホウシャガメの不正登録事件については、まだ自白していません。

「ワニの事件は落とした。次はカメの件を自白させるしかない」

亀山と私は逮捕後の取り調べでも、じつにタフな攻防を続けました。逮捕してから3ヵ月間くらいは毎日取り調べが続きました。

私の動物の知識はたかがしれています。そこで当時爬虫類の第一人者であった動物学者の千石正一先生に話を聞きに行って知識を得るなどして臨みました。取り調べでは専門知識が必要になりますから。

亀山とは、たとえばこんなやりとりがありました。カメを産卵させるときに、オキシトシンというホルモン剤を使います。

「ホウシャガメはオキシトシンを打って産ませた、となっているけど、そんなんじゃ産まないよな？」と、私が斬り込む。

「いや、産むよ」と、亀山は応え、すぐに切り返してくる。

「福原さんはカメのことをよく知らないのにそういうことを言うな！」

「いやいや、産まないよ。亀山がそんなことを言っていた、なんて広まったらあんたが笑いものになるから、やめろ」と、私は食い下がる。

亀山は亀山でディフェンスし、また攻撃をしかけてくる。

「それは違うよ。そんなのはぜんぜん間違った情報だから、反対に福原さんが恥をかくからそれは言わないほうがいいよ！　知らないことは知らないと言ったほうがいいよ」

「いや、あんたが間違っているんだ」と、私も譲らない。

と、このような攻防を何度も何度も続けたのです。結果的には、亀山の意見が正しく、亀山は警察の知識はこの程度と考えて、のらりくらりの供述を続けました。亀山はずいぶんあとになって、「専門的な動物の話なので取り調べは楽しかった」と話していました。「仕事の内容のひとつを話すだけだから、苦痛ではなかった」と。

途中で亀山は、私の取り調べが強引という理由で、弁護士を立てて訴えてきました。「違法な捜査を受けて困っている」という申し入れです。亀山はそうしてできるだけ刑を軽くしようとしたのでしょう。

その弁護士があるとき、亀山に「真実はどうなんだ?」と切り出したのをきっかけに、彼はようやく自白を始めたのでした。

取り調べによって、亀山が行ったデータの捏造の方法も徐々に明らかになってきました。「ホウシャガメが交配により産卵・孵化して、24頭のホウシャガメが誕生した」と描いた亀山の青写真どおり、彼はデジカメで一連の記録を撮影していました。デジタル画像には撮影月日が必ず記録されます。彼はパソコンの時計を狂わせる操作をしていたのです。

緻密なデータ作成以外にも、亀山には何度か驚かされました。

彼を収監した留置場に、あとから中国広東《カントン》省出身の中国人が入ってきたのですが、亀山はその中国人から言葉を学び、1週間くらいで広東語の基本をマスターしてしまったのです。

亀山はもともと英語が堪能ですが、それも動物の輸出に厳しいオーストラリアから動物を日本に持ち出そうとしてオーストラリア当局に適発されたときに覚えたということでした。現地のコミュニケーションはすべて英語なので、亀山は「塀の中で英語をマスターした日本人」というわけです。たいした男ですよ。

亀山とは最初に疑いを覚えて面談してから捜査官と被疑者の関係になり、その関係は約2

年間続きました。最後の頃は、まるで強敵を称えるかのような会話を交わしていました。

「もう2年になっちゃったな」と、私が口にすれば、亀山は感慨深そうに、

「お互いに頑張ったよね」とポツリ。

亀山はまたこんなことも話してくれました。

「自分を弁護するわけではないけれども、種の保存法を守らないと売買はできないんです。それを守るためにわざわざ手の込んだことをして、わざわざ登録票をつくったんです。じつは隠れて売る密売のほうがよほど楽なんです。変な話ですが、運転免許を取り上げられたやつが偽造免許をつくって乗るのと心境は一緒なのかもしれない。あれは運転できない奴の無免許運転のほうが、よほど罪が重いですよ」

さらに、こんな告白も。

「自分は表に出る者として、とにかく種の保存法を守らなければいけない、密売するわけにはいかない立場だったんです。密売をしてはいけない。密売しないためにはどうするかといえば、登録票をつけるしかないじゃないか。だから、不正登録したんだ」

亀山には彼なりの考え方があり、不正だと知りながら行ったということでした。

私は覚えていないのですが、私は亀山に向かってこう言ったそうです。

「自分の人生の中で、あんたほど面倒くさいやつはいなかったよ」

言った言葉は忘れていましたが、内容はそのとおりでした。

ああ言えばこう言う。口は達者で負けん気は強く、専門知識を総動員して振りかざし、こちらに迫ってくるほどの強敵でした。亀山ほど取り調べ甲斐のある被疑者はいまだに現われていませんね。

福原さん、ペット業界を一緒にきれいにしていこうよ！

罪をつぐなってすぐ亀山から電話がありました。

「福原さんには、いろいろ迷惑をかけたけど、今日、戻ってきたから」

「おお、早いな」

「取り調べのときはお互いに仕事だから、それはガチでやりあうのは当然だと思っている。反省しているけれど、後悔していないよ。もっと言えば、本当の話、福原さんのことを恨んでもいない。それは本当に間違いないから、そこは恨みっこなしにしたいんだ」

「おお、そうだな」

亀山は話を続けました。

「僕は福原さんがどこかの部分で僕のことを認めてくれているのもわかるし、僕は福原さんのやっている仕事をすごいなと思っている部分がある。今後、僕は悪いことをするつもりはまったくない……。福原さんがもしこちらを必要とするのなら、なんでも聞いてほしい。福原さんをハメたりすることもないし、うまい関係でやっていけたらいいと思っている」

亀山は「自分がここまで徹底して追及されるとは思わなかった」と振り返ったあと、こう言いました。

「自分はもともと汚れた人間ではない。でも、関西の連中が違法なことをやっていたのに、警察が動かなかったので、バカらしくなり僕も不正なことをした。福原さんがそこまで徹底してペット業界を浄化するというなら、僕もこれからはまっとうな商売をやる。密輸が主体になっているようなこの業界をきれいにしたいから、協力するよ。ペット業界を一緒にきれいにしていこうよ！」

これ以降、私は生きものの案件で疑問が生まれたら、まず亀山に質問するようになりました。なんてったって彼はペット業界の第一人者ですからね。種類の鑑定はもちろんのこと、「その動物はワシントン条約では何に該当するのか」といったことなどを間髪入れず教えてくれるので、とても助かっています。

亀山の例のように、罪をつぐなった者が貴重な情報指南役になることは少なくありません。ただ、なかには私の興味をひこうとしてネタを流してきたが、すべて「ガセネタ（ウソの情報）」というケースもありました。

ガセネタを提供してくる者のなかには、「自分も福原さんと亀山さんのグループに加わり、業界をきれいにしたい」という思いを抱いている者もいるのだとは思いますが、信頼関係はすぐに築けるものでもありません。

では、かつての被疑者がどこの段階で信頼できる情報指南役になるのか？

「まいった。わかった。もうこの商売やめる」と思わせるくらい徹底的に事件を調べ上げ、違法性を納得させたときです。柔道で絞め技を決め、相手から「まいった！」と言わせるようなものです。

私は若い警官に次のように話しています。

「中途半端な落とし方だと、本当の情報指南役にはならないぞ。逆に利用されることもあるから気をつけろ！」

情報の管理やつきあい方を勘違いしてしまうと転落の道をころげ落ちていくことになりかねません。

覚せい剤がらみでよく耳にするのが、捜査官が警察の情報を売人に流して、その見返りに売人が持っている情報をもらい、自分の情報源とする方法です。

これはじつは容易なことで、あまり手間をかけずに情報が入ってくるようになる方法なのかもしれません。しかし、一時期はそれで成功しても、長い目で見れば自分の首を絞めているだけで、情報源からも利用されることになります。覚せい剤の捜査では、そうして転落していった刑事の例も少なからずありますからね。

私が大切にしている情報指南役の多くは、柔道でいう絞め技を私からまともにかけられ、ギブアップした者です。情理を尽くして攻め落として初めて情報指南役として生まれ変わってくれるのです。

主犯格がタイで逃走。ベトナム公海上の飛行機の中で逮捕！

先に説明したように、亀山の不正登録に使われたマレーガビアルやホウシャガメを、ひそかに日本国内に持ち込んだ密輸ブローカーは中部ルートの蜂矢と猪瀬でした。

その際に「主犯格の猪瀬はマダガスカルの刑務所で爬虫類の密輸出の刑に服していることがわかった」と先に書きましたが、この案件は密輸がからんだ詐欺事件なので、容易に解決できるものではありませんでした。

しかも主犯格の猪瀬は異国の地の刑務所にいる。マダガスカルにいる受刑者を日本の警察が逮捕することはできません。逮捕するには、猪瀬を日本に帰国させる必要があります。

「では、どうやって猪瀬を日本に連れてくるのか？」

「それには大きな壁があるなあ……」

この事件の帳場（捜査本部）を張ったのは東京の世田谷警察署でした。捜査員は打つ手がなく、諦めかけていました。

それでも、世田谷警察署も私も、心のどこかで中途半端なまま引き上げることはできないという思いはありました。

特に私には「責任者は自分だ」「事件を諦めない」という自負や使命感がありました。そんなとき、上司が放ったこんな言葉が私に勇気を与えてくれました。

「そんな事態になったら裏口から出て帳場を引き上げろ！」

「……裏口、裏口、裏口から出る……そうか」

私は外務省に連絡し、マダガスカルの日本大使館の電話番号を教えてもらいました。日本人が外国で逮捕された場合、日本大使館が本人との面会や連絡を通じ、必要に応じて、法的手続きに則した解決が図れるよう働きかけてくれます。また、弁護士や通訳に関する情報も提供します。

マダガスカルの日本大使館に電話をしました。外交官に事情を説明し、猪瀬の逮捕状の写しをファックスで送りました。対応してくれた外交官が理解のある協力的な人物で助かりました。

「そちらの事情はわかりました。マダガスカルでも野生動物が盗まれる事件が起こっています。残念ながらマダガスカルは豊かな国ではないので、いつまでも外国人に刑務所の食事を与え続けることはできないでしょう。だからタイミングさえ合えば、受刑者を解放してくれます。私がマダガスカル政府と交渉しましょう」

こうして大使館にマダガスカル政府と折衝してもらいました。その結果、同国政府の厚意により、猪瀬のパスポートを彼を乗せる航空機の機長が預かり、半ば強制退去という形で釈放されることになったのです。

（実際には、マダガスカル政府にはやはり受刑者に食事を提供しつづける余裕がなく、正当な理由がありさえすれば一刻でも早く猪瀬を釈放したかったようです）

ところが、ここで大きな問題が発覚しました。マダガスカルから日本への直行便がなかったのです。そこで、猪瀬をいったんタイのドンムアン国際空港で日本行きの航空機に乗り換えさせ、到着した国内の空港で逮捕する……ひと昔前の無人機による月面着陸と地球帰還のような構想を練りました。

当時、タイの日本大使館には、警察庁から派遣された日本人警察官が3人いて、私はよく連絡を取り合っていました。

ドンムアン国際空港に派遣警察官が待機して、猪瀬が日本行きの航空機に搭乗するまでの行動を監視する手はずを取ってもらいました。それでも、そこはやはり外国。日本からの派遣警察官とはいえ、タイ国内で法執行はできません。だから猪瀬が逃亡する可能性はゼロではありませんでした。

不安は的中しました。猪瀬はドンムアン国際空港に降りてきませんでした。いや、空港に降りたつと同時に逃走し、バンコクの街へ消えていったのです。

と、このまま行方を見失っては捜査員失格です。じつはタイには、私と連絡を取り合っているエス（スパイ）がいました。エスの監視により逃走中の猪瀬の動きは逐一、私のもとへ伝わってきていたのです。

猪瀬が空港から逃走して2週間ほど経ったとき、エスからこんな情報がもたらされました。

「猪瀬は、パスポートの在留期限が終わり、国外へ出て更新しなければいけない。間もなくバスに乗って向かう更新の場所は、タイとラオスの国境の入国管理事務所です」

この情報をすぐにタイの日本大使館駐在員に伝えたところ、タイ警察が不法滞在で猪瀬の身柄を確保し、入国管理事務所の留置場に一時的に拘束するという方針が固まりました。

この話を一連の詐欺事件の担当検察官に伝えたところ、

「ぜひタイへ出張して猪瀬の身柄を確保し、連行してきてくれ！」

と指揮を受けました。なんと「生きものがかり」初の海外出張です。

では、猪瀬の引き受けの具体的な手順を説明しましょう。

猪瀬はこのとき、すでにパスポートの在留期限を過ぎており、2～3日のオーバーステイ（不法滞在）になっていました。通常この程度であれば罰金を払って更新手続きをすればよいらしいのですが、このときに限ってはタイ警察の計らいで身柄をタイ警察の入管部門に拘束してもらうことになりました。拘束場所はバンコク市内です。

私たちはそこへ行って待機する。そして猪瀬が罰金を払って出てきたところで、駐在員が猪瀬と接触し、「日本から警察官が来ており、一緒に日本へ向かう」と説明し、私を含めた日本の捜査員が空港まで任意同行して猪瀬を航空機に乗せる……こういう流れです。

タイ王国内で猪瀬に事件の話をするなどの職務を遂行すれば、タイの主権を侵害することになるので、こういう引き渡し方法になったのです。

しばらくしてタイ警察から「猪瀬の身柄を確保した」という連絡を受け、私は2日間の警察庁出向という身分で、タイへ向けて出発しました。

タイに着いて警察関係者と話をした際、こんな質問を受けました。

「日本にいてどうしてタイのことがそんなに手に取るようにわかるのか？」

「じつはタイにエスがいるんだ」

「そうか、あんた、たいした人だなぁ」

タイにもこのようなネットワークを構築できたのは、2002年から「生きもの事案」に専念できるようになったからです。

猪瀬は入国管理事務所の留置場にいました。しかし、そこですぐに職務執行、つまり逮捕はできません。そこは外国ですから。

私は担当検察官から、こんな指示を受けていました。

「飛行場で相手が逃げないように空港内で逮捕してください」

しかし最終的には、警察庁からの指示で航空機の中で逮捕することを選びました。

猪瀬を乗せて日本へ向かう航空機の機長に、私は事情を説明しました。

「……と、このような事情で、被疑者の逮捕を機内で執行します」

「承知しました。では、公海上へ入ったら連絡します」

猪瀬には事前に、航空機の中で逮捕することを伝えました。彼は無言で頷《うなず》きました。

機内の席は航空会社の計らいで研修中のキャビンアテンダントが周りを囲む席を用意してもらいました。何か起こっても対処できるようにするためです。こういう経験は滅多にできるものではなく、私もずいぶん緊張したものです。

航空機はタイのドンムアン国際空港を離陸。やがてベトナム・ダナン市上空を通過して南シナ海公海上に出ました。そこで機長から公海証明書が発行され、公海上にいることを示す紙が私の手元へ届きました。これを確かめたのち、ダナン市沖の公海上の機内で逮捕状を示し、ようやく猪瀬を逮捕しました。

この事件に携わり、私は諦めないことがいかに大切かを、文字どおり身をもって理解し、実感しました。また、貴重な情報源を確保できたことも大きな成果となりました。

なお、生活環境課と世田谷警察署はこの一連の事件の解決により、警察庁長官賞を受賞しました。

タイの市場には、世界から「絶滅のおそれのある野生動植物の種の国際取引に関する条約」、通称「ワシントン条約」（略称ＣＩＴＥＳ：サイテス）のリストに属する動植物が集まります。この条約では、絶滅のおそれがあり、保護が必要と考えられる野生動植物を「附属書Ⅰ」「附属書Ⅱ」「附属書Ⅲ」の３つの分類に区分し、国際取引を規制しています。

このうち附属書Ⅰは、今すでに絶滅する危険性がある生きものを示したリストで、商業のための輸出入は禁止されています。ただし、学術的な研究のための輸出入や条約が例外と認める場合は、輸出国と輸入国の国が指定する機関の発行する許可書があれば可能となります。

附属書Ⅱは、国同士の取引を制限しないと、将来、絶滅の危険性が高くなるおそれのある生きものを記したリストです。附属書Ⅲは、その生きものが生息する国が、自国の生きものを守るために、国際的な協力を求めている生きもののリストです。附属書Ⅱ、Ⅲとも、輸出入には輸出国の国が指定する機関が発行する許可書が必要となります。

タイの市場とはいえ、附属書Ⅰ、Ⅱのリストに入っている動物が店頭に堂々と陳列されることはありませんが、客が要求すれば、その動物をどこからかすぐに出してくれるのです。新宿・歌舞伎町の「裏ＤＶＤ屋」みたいなものなのかもしれません。

日本人ブローカーはバンコク市内にマンションを借り、タイで買った希少動物の倉庫がわりに使います。タイは年中温暖な気候で暖房費がかからないため、マンションを借りるのが好都合なのでしょう。

猪瀬はタイ国内に赴き、ワシントン条約で国際取引が規制されている動物を買いあさるだけでなく、原産地に赴いて現地の人を雇い、レンタカーを借りて山中に分け入り、爬虫類を密猟していました。そして、捕獲した爬虫類をいったんバンコクの自宅に保管し、時機をみて日本に持ち込んでいたのです。世界中で何年もこのような仕事を続けてきたので、彼はフランス語（マダガスカルの公用語）と英語、タイ語に堪能でした。

猪瀬のような日本人ブローカーに動物を供給する組織があります。それを牛耳っていたのは、アルカイダ系の人間だと噂され、恐れられていたラモンです。彼はモーリシャスやマダガスカルなどで動物を集め、タイなどで売買していたようです。と、これは大阪の情報源から聞いた話ですが……。

ラモンは世界の密輸マーケットを思うように動かしていたので、動物の密売に関わる者で彼の存在を知らない者はいないともいわれていました。しかし接触を試みようとする捜査官が関係者らしき人物にラモンの居場所を尋ねても、誰もが口をつぐんだそうです。

そのラモンが、タイに集まる日本人の密輸ブローカーに希少動物を供給したことで、関西ルート、中部ルート、関東ルートが生まれたということがわかりました。

タイの密輸マーケットへの供給ルートは今、ラモンから引き継いだエジプト人を首謀とする巨大組織が仕切っているといわれています。これらの供給組織が国際テロ組織と連係しているという情報も明らかになりました。ワイルドライフクライム（絶滅危惧種の密猟など野生生物に関する犯罪）の資金がテロ組織の武器供給資金になっているのです。

興味のある方は街のペットショップで爬虫類の輸入元の表示を見てください。およそ生息地とはかけ離れた中東の国名が記載されているかもしれませんよ。

タイのスパイは「ダイジョウブ、タイへ来てください」と言った

東南アジア原産の小型のサル、スローロリスは可愛らしいしぐさなどから愛好者は多かったのですが、テレビ番組で紹介されたり、好感度の高い女性タレントがペットとして飼っていたりしたことから、高い人気を博すようになりました。

しかし２００７年9月、ワシントン条約の附属書Iに分類され、原則的に取引が禁止されました。そこで、スローロリスの密売が横行するようになったのです。

スローロリスは当時、タイ国内で1頭1万円ほどの値段で売買されていました。それが日本では平均20万～30万円で売られるようになったのです。高額なものでは50万円以上の値段で販売されていました。

タイ往復旅費は、安ければ7万円。だから1頭でも国内へ持ち帰って密売すれば、十分利益が出たのです。そのため密輸入を実行する輩が増えました。

密売業者は一般からツアー客を募集し、東南アジア諸国へ向かいました。その国では自由

に遊ばせ、帰りにツアー参加者の荷物の中にスローロリスを隠して機内に持ち込ませ、国内へ運んできたのです。

２００７年、タイと日本を往復してスローロリスを密輸入していた埼玉県の容疑者鴨川（仮名）を逮捕しました。20日間身柄を勾留したあとで公判請求され、起訴される予定でした。

ところが、身柄勾留の期限が切れる何日か前に検察官から連絡が入り、事態は急転しました。検察官はこう言ったのです。

「容疑者の鴨川はタイのチャトゥチャック市場でスローロリスを買って密輸入したということだが、買った店を特定しないと起訴はできない。このままだとおそろしくてしようがないよ」

検察官の「おそろしくてしようがない」とは、公判で容疑者がたとえば「じつは日本国内で見知らぬ中国人から買った」と話した場合、検察が組み立てた事件そのものが崩れるという意味です。

亀山の詐欺事件のところでも話しましたが、事件はやはり「座り」がよくなければ起訴できません。座りがよいとは、しっかりした根拠から導きだし、そのような結論になるべくしてなったという必然性があることです。捜査によって動かしがたい事実を立証すれば、座りはよくなります。

この事件で座りがよくなるポイントは、容疑者鴨川がスローロリスを買ったタイの店を探し当てることだったのです。

まずタイにいる複数のエス（スパイ）と連絡を取り合い、鴨川がスローロリスを購入したと思われる店を突きとめるよう依頼しました。

私がエスに伝えた情報は次のようなものでした。

「容疑者は60代の日本人で、特定の店の常連らしい」

「その店を訪れる日本人は動物ブローカーではなく、小遣い稼ぎでスローロリスを買っている」

「その店は60代くらいのおばさんが仕切っており、40代の女性が手伝っている」

するとタイのエスから返事がきました。

「だいたいわかったよ。タイの市場には、日本人の素人を相手に商売しているおばさんがいるから」

しばらくするとタイ人のエスから電話が入りました。

「ダイジョウブ、福原さん、タイへ来てください」

エスはどうやら鴨川の密売にかかわった店を特定できたようです。前回のタイ出張と同じく捜査チームは警察庁からの派遣として扱われることになり、身分は警察庁警察官としてタイへ向かいました。

スローロリス

【学名】 *Nycticebus coucang*

バングラデシュ、ベトナム、マレーシア、スマトラなど東南アジアに生息する原猿（原始的な霊長類）の仲間。体長は25㎝程度。ゆっくりした動きと大きな目が特徴的。雑食で昆虫や果実などを食べる

福原メモ

現地の密輸業者は、捕まえると噛み付かないように奥歯をペンチで折るそうです。おとなしくてかわいいってことで売れるそうですが、サルは痛くて静かにしていて、それが原因で早死にすることもあるそうです。「いやあ、それはないだろう！」って声を大にして言いたい。残酷すぎる！

捜査に協力してもらうため、タイ警察の幹部を自腹で接待しました。警視庁とタイ警察は捜査に関する協定を結んでいないので自腹でした。そもそも飲食費は必要経費として認められません。そこで店に入る前に日本の捜査員からもお金を集めました。

私のモットーは「自己投資を惜しまない」です。若い警察官にも「金はいくらでも使え。もらうばかりじゃダメだ！」と言っています。

ただし、ここで誤算がありました。エスが特定した店の情報は日本大使館を通じてタイ警察に流してあったはずなのに、タイ警察側は肝心の店の場所を特定できていなかったのです。というより、何もしていなかったというほうが正しいでしょうか。

「おいおい、しっかりしてくれよ」

仕方ないので、相棒の捜査員とともにタイのエスに会い、チャトゥチャック市場にあるとおぼしき店を探しました。

ようやくその店を発見したとき、店内に女性が3人座っていました。容疑者鴨川は間違いなく彼女たちからスローロリスを購入したと確信しました。

ところが、その後タイ警察の捜査員たちの到着を待って一緒に店の中へ入ると、留守番のおばあさんがひとりいるだけ。日頃見ない日本人が店の周囲をウロウロしていたために怪しまれ、女性たちは逃げ去ったようでした。

ここで地元の警察官に初めて感心しました。私からすれば、みんな同じ顔に見えるけど、近くにいたひとりの若い男性をひっぱりだして尋問したのです。おそらく「白状しないと、二度とこの場所で仕事ができなくなるぞ」などと切り出したのでしょう。あくまで私の想像ですが。

この尋問により鴨川にスローロリスを売った女性が特定できました。タイ警察のモントリー大佐はこう言いました。

「福原、ダイジョウブ、メシ食っているうちに絶対出てくるから」

果たして彼の言ったとおりでした。モールで食事をしていたら、ひとりの女性が「自分が日本人にスローロリスを売った」と名乗り出てきたのです。顔を見れば、「どうもすみません」という表情でした。

さて、ここからが私の仕事です。その女性に、

「2007年×月×日頃、私は鴨川という男にスローロリスを売ったことに間違いない」

と、タイ語で書かせるのです。これを「上申書」といいます。タイの捜査員と通訳も同席し、「鴨川に×匹売りました。間違いないです」と記述させました。

さらに、違うマーケットにこの女性の相方がいました。彼女からも同じように上申書を取って鴨川の購入を裏づけたのです。といっても、タイでの捜査の主体はあくまでタイ警察で、私たちは傍にいただけでしたが……。

思い返せばこの2泊3日は、現地へ直行し目的を果たしたら現地での宿泊もせず、機中泊

や車中泊などでとんぼ返りする「弾丸ツアー」のような出張でした。

ところで、スローロリスですが、タイの市場でおおっぴらに売られているわけではありません。タイは王国なので、スローロリスを密売することは王様の財産を売ることになるのです。そこでタイでは森林警察を配備し、密猟を取り締まっています。密猟者たちはその監視の目をかいくぐって組織的に密猟を続けているのです。

その後の調べで、鴨川はタイで仕入れたスローロリス計9頭を、信じがたいことですが、ジーンズのポケットなどに隠して3回にわたって旅客機で密輸。国内で愛好家4人に1頭あたり10万〜18万円で販売していました。このスローロリスの密売での逮捕者は全国初となりました。

この事件では「感染症の予防及び感染症の患者に対する医療に関する法律（略称『感染予防法』）」を適用しました。この法律では、人間にエボラ出血熱、ペスト、ラッサ熱などの感染症を感染させるおそれが高い動物として、イタチアナグマ、コウモリ、サル、タヌキ、ハクビシン、プレーリードッグ、ヤワゲネズミを挙げ、指定動物としています。

調べてみたところ、この事件まで動物の密輸入で検挙例はないとわかったので、外国為替及び外国貿易法違反（密輸入）とともに適用罪名に加えました。そうした理由は、安易な密輸により感染症が国内に拡散するおそれがあることを、新聞などの報道を通じて世間に伝えたかったからです。

動物の密輸の方法はさまざまですが、鴨川のようにスローロリスをジーンズのポケットに入れて持ち込んで入国しようとした例はほかにもあります。入れたままだとサルがつぶれるおそれがあるので、飛行機に乗ったら機内で取り出すのだそうですが、その際に動物が逃げてしまい、機内を珍しいサルが駆けずり回って大騒ぎになり、密輸が発覚したケースもあります。用意周到にしていても、悪事はどこかでバレるものなのです。

魚の場合は、カーゴに魚を入れたビニール袋を敷き、その上に水草を入れたビニール袋を置いて機内に持ち込みます。稚魚をペットボトルに入れて国内に持ち込もうとしたケースもありました。悪知恵が働くものですが、税関も警察も目を光らせて監視していることを忘れないでください。

「関東ルート」の大物を逮捕せよ!

希少動物の密売ルートである関西ルートと中部ルートの大物を逮捕してきましたが、最後まで解明できなかったのが関東ルートでした。

なかでも関東ルートの大物寅田(仮名)はすぐにはシッポを出しませんでした。密輸入の方法が巧みだったからです。

密輸ブローカーは自分たちで動物を運びませんでした。海外旅行をしたい人に「タイへ行かないか」と声をかけ、「その代わりに帰りに荷物を持って飛行機に乗り込んでほしい」と依頼していたのです。動物密輸の実行者が一般の旅行者だったために、それを背後で操っていた密輸ブローカーまで容易にたどり着けず、立件するのに時間がかかったのです。

観光客が「運び屋」になって動物を国内に持ち込む場合は、土産物のように普通にバッグに入れて持ち込みます。ブローカーが密輸する日として狙う時期は、連休明けです。観光客の帰国や入国者が集中する時期で、税関は帰国者や入国者の持ち物を細かく見ないからです。それにツアーの団体客はまず怪しまれません。空港の税関は性善説に立っているので、本人が申告したことを疑わないのです。寅田はそこに巧みな密輸の方法を見出したのでした。

2012年4月、私のところにこんな電話がありました。

「茨城県にある寅田が経営するペットショップでスローロリスを買ったが、登録票がついていなかった」

この情報のすぐあとで、私の情報源からも次のような情報がもたらされました。知り合いや身内から悪事を通報されることを「刺される」と言いますが、急にはぶりがよくなった者は同業者から怪しまれ、「刺されやすい」ものです。

「寅田が、ここ2年くらいでスローロリスを60頭くらい売って1500万円の利益をあげた、と豪語しているよ」

「おお、それは貴重な情報だ」
関東ルートの大物寅田をぜひ逮捕しなければならないと決意し、捜査を開始しました。ちょうどその頃、第一機動捜査隊から生活環境課に配属になった敏腕刑事Kがこの捜査に加わり、警察のシステムと物流システムを結びつける手法で寅田を追いつめました。具体的には、寅田と同じ航空機に乗っていた日本人旅行者のリストアップを行いました。搭乗者名簿が入手できれば、そこから「運び屋」を担った者を突きとめることができるからです。

席は離れていても、寅田と同じ便に何度も乗っている者を割り出していきました。その人物の銀行口座を照会したところ、寅田から「運び屋代」とおぼしき報酬が支払われていることがわかり、寅田とのつながりが見えてきました。

じつは寅田はなかなか読みの深い男でした。警察がそこを調べてくることを想定していたようで、次から搭乗する航空機の便をずらして攪乱してきたのです。

そこで捜査チームは、タイのエス（スパイ）に依頼し、寅田とのつながりがある観光客がタイでスローロリスを購入している写真を撮影。その画像を送ってもらい、確証を得ていきました。

ところが、寅田はすでに関税法違反で有罪判決を受けて服役中であり、その捜査のときは仮釈放中だったので、ふたたびの服役を逃れようとして、２ヵ月近く逃走したのです。

被疑者が逃げれば、どこまでも追いかけるのが警察の仕事。最後は、自宅2階の屋根裏に隠れていたところを発見して逮捕しました。寅田の容疑は、種の保存法違反（譲渡）でした。

寅田からスローロリスを26万円で購入した医療法人職員の女性は、千葉県の郊外の一軒家で飼っていました。6畳程度の広さの部屋をスローロリスのためにあてがっていました。空調は24時間入れっぱなし、室温は常に25度に設定。そこにケージを置いてほかの動物も飼っていました。動物を飼い慣れている愛好家でした。夫婦でスローロリスを可愛がっていましたが、実際に購入した女性が主に面倒をみていたそうです。

取り調べで対峙した女性は、種の保存法については、

「なんとなく知っている。でも、私には関係ないわ」

といった反応でした。販売者のルートなどはすべて証拠が残らないよう消してありました。このあたりは予想していたとおりです。

刑事事件の裁判の場合、東京地検では、事件担当の検察官と裁判を担う公判担当の検察官に分かれます。

先の女性のように法律を知っていたことを認めない被告に対し、スローロリスを買った女性とは異なる別の裁判で公判担当のある検察官がこんな指摘をしました。

「あなたはパソコンで、環境省のサイトをお気に入り登録していますよね。種の保存法を知

っていたのではないですか？」

これを受けてすぐに白状に至ったこともありました。

被疑者が事実を認め、すべてを白状することを警察用語で「落ちた」とか「完落ち」と言います。被疑者を公判検事に「落とされる」のは刑事の恥とされています。

このケースの場合、捜査員が被疑者のパソコンを証拠物件として持ち帰り、調べたところ、ホームページの「お気に入り」に環境省のウェブサイトが登録されていました。担当した刑事もこれについては任意調べの段階で女性に問い質《ただ》したのですが、法律を知っていたことを認めませんでした。

ところが、取調室と法廷の雰囲気が異なったからでしょうか。公判では、あっさりと法律を知っていたと認めたのです。担当刑事は悔しさでいっぱいになり、「この野郎！」と怒鳴りたい心境だったでしょう。

さて、関西ルートと中部ルートの大物、関東ルートの大物の検挙など、この時期の生きもの事案はとても大きな成果を挙げました。それ以前は、全国にこういう密売ルートがあることすらわからなかったのですが、そのいっぽうで、大物の検挙に警察が本腰を入れて着手したこの当時は、警察はこういう事件に関与しないと考えられていた時期でもありました。

日本の生きもの関連の犯罪史上これほどの組織的な犯罪はなかったし、これからもおそらく起こらないでしょう。これらの検挙以降、プロの密売ブローカーが陰で操り、組織的に行う犯罪はほぼなくなりました。

そして、警視庁による一連の事件の摘発が追い風となり、法改正も進みました。

じつは種の保存法の罰則は１９９３年から２０１３年まで大きく改正されることなく、同法での譲渡違反は1年以下の懲役または１００万円以下の罰金のみでした。

被疑者を検挙しても最終的な処分は、略式で罰金20万〜30万円程度。先にも書きましたが、逮捕した被疑者からも「この程度の刑罰じゃ軽すぎるんじゃないの」と皮肉を吐かれたこともありました。私も検挙のたびに何度も苦々しい思いをしてきました。

そして、２０１３年6月、ようやく条文と罰則が改正され、罰則は譲渡違反の場合、個人は5年以下の懲役または５００万円以下の罰金、法人は1億円以下の罰金となり、生きもの事案の犯罪の抑止力が高まりました。

私は改正されるまで約10年間、環境省の担当者に事件の資料を見せながら、こんなことを訴え続けてきました。

「スローロリスの密売などは、海外での動物の仕入れ価格が1万〜2万円なのに、バイヤーは国内で50万円とか１００万円とかの値段で販売してきた。飛行機の往復チケット代を差し引いても利益が出ます。有罪になって罰金50万円を払っても利益が残るなんて、こんな法律おかしいですよ。なんの抑止力にもなっていませんよ」

「たとえば、このヘサキリクガメは国内では2頭700万円で販売されていたんです。スローロリスの密売犯は2年間で1000万円も売り上げていたんですよ。ほかの詐欺などと比べても遜色のない大きな事件じゃないですか」

私はこう思っています。生きものに関わる不正事件は、凶悪犯罪と比べたら「たいした事件」ではないかもしれません。それでも、許してはいけない犯罪です。被害者がいないケースも確かにありますが、それにしても罰金50万円で済まされるようなものではないでしょう。

2013年6月に種の保存法改正に関する閣議が決定したその直後、寅田事件解決の労をねぎらうために開かれた、ささやかな打ち上げの席で、環境省自然環境局野生生物課長からこんな話がありました。

「これまでの一連の事件が国会議員に法改正を求める説明に非常に役立ちました」

私は長い間諦めずに訴えを続けてきましたが、それがようやく報われたと思いました。

「これまで、いろんな事案に取り組み、解決してくださってありがとうございました」

と課長から挨拶があったときには、「警察官冥利に尽きる」と実感したものです。

第2章

「生きものがかり」誕生！

刑事ドラマ「太陽にほえろ!」にあこがれて

ここからしばらくは、私が警視庁の「生きものがかり」に就くまでのことをお話ししておきましょう。

私は鹿児島県出身です。幼い頃から動物、特に魚が好きでした。子供の頃、実家に池があり、父が趣味で鯉を飼っていました。

「自宅の池に鯉が泳いでいる」と書けば、「福原家は豪邸か!」と思われるかもしれませんが、その当時は郊外にある比較的土地の広い家には必ず庭があり、趣味で池を設ける家も少なからずありました。

私はその自宅の池の鯉にエサをやったり、川で捕まえた淡水魚やカメを池に放したりして、よく遊んだものです。そんな環境で育ったので、自然に動物や魚が好きになったのかもしれません。

子供の頃から動物が好きだったこともあり、高校時代は獣医を目指していました。鹿児島は全国有数の畜産王国ですが、当時の鹿児島県の農畜産業は総じて貧しく、当時の私は「温暖な気候を活かしてブラジル並みの広大な牧場を経営すれば発展するのではないか」などと考え、家畜の獣医を志していたのです。

同郷に私と同じ獣医を目指す男がいました。あるとき、将来の話になり、彼はこう言ったのです。

「獣医師は儲からないらしいぞ」

そのときの彼はとても悩み深い顔をしていたので、自分の将来を悲観しているように見えました。

「へえ〜、この男はそんなことを考えているのか」

と驚きつつも感心したものです。その彼は希望する大学に合格し、現在、鹿児島で獣医師をやっています。

かくいう私はといえば、獣医学科のある大学の受験に2年連続で失敗し、私立大学の文系学部へ入学しました。「儲からない」と言っていた彼が獣医師になり、動物が好きだった私が「警視庁の生きものがかり」になったのは運命のいたずらでしょうか。

私が警視庁に入ったのは、当時大人気を博していたテレビの刑事ドラマ「太陽にほえろ！」に憧れたからです。大きな志を期待していた人には、いきなり肩透かしだったかもしれませんね。ミーハーな理由ですみません。

特に、露口茂さんが演じた通称「ヤマさん」こと山村精一刑事が渋くてカッコよく、ああいう刑事になりたいと憧れを抱いたものです。

学生時代に柔道をやっていたので、体力には自信がありました。ただし、足は遅く機敏さを求められるスポーツは苦手でした。

いっぽう、ドラマ「太陽にほえろ！」では、新米刑事はいつも全速力で走っていました。私が大学時代に母に、

「将来、警察官になりたい」

と告げたとき、母が心配して私にかけてくれた言葉を今でも覚えています。

「おまえはドラマの刑事さんのように、あんなに速く走れるのかい？」

母も私同様、「太陽にほえろ！」の影響を受けていたようです。

大学卒業後、警視庁警察学校へ入校しました。学校の成績は良くなかったのですが、授業中に眠くならないことは私の強みでした。なんといっても、捜査に欠かせない張り込みでは絶対に眠れませんから。この長所は警察学校で多少評価されたように思っています。

私は1980（昭和55）年8月、25歳で警視庁巡査を拝命しました。その翌年2月、日野警察署（東京都日野市）へ配置されました。いわゆる「制服の外勤警官」です。

1984（昭和59）年9月、巡査部長に昇任し、大井警察署（東京都品川区）に昇任配置されました。その後、1988（昭和63）年2月、私は大井警察署保安係の捜査員に任命されました。32歳にして、いわゆる「私服警官」になったのです。

動物好きは大人になってからも変わらず、警察官になり、結婚してから熱帯魚を飼うよう

になりました。私は長い間、警察署員の寮（社宅）に住んでいたのですが、社宅では犬や猫などのペットは飼えませんでした。

その点、魚は鳴いたり、音を立てて部屋を駆けまわったりしませんし、臭いもしません。飼っていても周囲から苦情は出ないので、最初は社宅のベランダにひょうたん池を置いてメダカを飼いました。やがて部屋の中に水槽を置いてグッピーやネオンテトラなどの熱帯魚を飼うようになったのです。その後、カメやスッポンなども飼っていたので、最も多いときには家の中に水槽が6～7本ありました。

妻が妊娠しお腹が大きくなったとき、私はちょうどネオンテトラを飼いはじめた頃でした。妻の故郷も鹿児島県で、出産のために帰郷する直前、妻が水槽の前を台所まで歩いたそのとき、私は深く考えずにこう言ってしまったのです。

「そんなにドタドタ音を立てて歩くな。ネオンテトラは今、お産の前なんだ」（あまり記憶にないのですが、私がそう言ったらしいのです）

「はぁ？」と、妻はあきれたような、怒っているような表情で私を見ていました。

妻はあとで「出産前なのは私のほうだ！」と怒っていました。

今でも思い出したように、

「あのとき、どうして妊婦の私がそんなことを言われなくちゃいけなかったのか」

と、こぼしています。

さらに妻はこのエピソードを息子のお嫁さんに話したそうです。おいおい、その「事件」はもう時効だと思っていたんだけど、違ったのか？

私には3人の息子がおります。息子たちも動物が好きで、長男は一時期ドジョウ、今はハリネズミの世話をしています。これは私のDNAのせいでしょうか。

息子たちがまだ小さかった頃に飼い始めたミドリガメは2015年まで生き、天寿をまっとうしました。寒い時期には暖房の利いた床で遊ばせました。

たまに洗面台の中でカメの甲羅を歯ブラシでゴシゴシ洗ってやったものです。そんなとき、カメは本当に気持ちよさそうな顔をするんですね。

妻はそんな私の背中を眺めながら、

「そのカメ、あなたには気を許しているのね」

と言ってくれました。

また、大小の水路や池のある水元《みずもと》公園（東京都葛飾《かつしか》区）に行ったときも、子供を連れて行っているのにもかかわらず、父親の私がズボンをぬらして池に入ってはしゃいでいるのを眺めながら、妻は「本当に生きものが好きだから、つい夢中になって、自然に池の中へ入っちゃったのね」とあきれておりました。私はよく妻にあきれられることをしているようです。

ところで、私の妻はペットにまったく興味がなく、私が飼っていた魚の世話をすることはありませんでしたし、現在も世話はいっさいしません。

そういえば子供が生まれた頃、妻はこんな「事件」を体験したそうです。

私はその頃、鯛に似たレッドオスカーという大きな熱帯魚を飼っていました。私が当番で不在の夜、そのレッドオスカーが突然、水槽から飛び出したのだそうです。

妻はそのときの様子を何度か話してくれました。

「隣のご主人を呼ぼうかと思ったけど、夜中だったので呼べなかった。魚は床を元気にはねまわるし……。私は勇気を出して魚を手づかみして、泣きながら水槽に戻しましたよ。も〜、なんなのよ、熱帯魚って」

その事件も妻を「熱帯魚嫌い」にさせた要因かもしれません。

息子がドジョウを飼っているときは、

「童謡に『ドジョウが出てきてこんにちは』という歌があるけど、あれは本当なんだよね」

と私が言ってドジョウを見るよう誘っても、見ようとはしませんでした。

「メダカはいま絶滅危惧種扱いなんだぞ」と身近な話題を振っても、「へえ、そうなの」とそっけない返事。それでも、家の中に魚が増えることだけには敏感で、常に目を光らせて警戒しているようです。

私はその妻の監視の目を盗んで魚の数を少しずつ増やしていったので、妻からすれば、福原家は「いつの間にか魚の数が増えている状態」なのだそうです。

こんなふうに、生きものが大好きな私ですが、いくつかの転機がありました。しかもその転機は、やはり生きものと関わっていることばかりでした。

警察人生を変えた上司の助言「十八番をつくれ！」

「私服（警官）になった限りは十八番をつくれ！　何でもいいから、これだけは誰にも負けないという得意技を持て！」

この言葉は、私が保安係の捜査員になったとき、当時の上司である國府田代理（故人）が話してくれた捜査員の大事な心得です。

國府田代理は殺人や強盗など凶悪犯罪を扱う強行捜査あがりで、昔ながらの刑事という印象の人でした。この言葉がその後、私が「生きもの事案」という専門分野に従事するきっかけになったのです。

当時の保安係が扱う案件は、覚せい剤、賭博事犯、拳銃保持、危険物やゴミの不法投棄といった公害問題事犯など取り締まりの範囲は幅広く、國府田代理は「反物《たんもの》」を例に話してくれました。「反物」とは、わかりやすくいえば、質屋をまわって贓品《ぞうひん》（犯罪など不正な手段で手に入れた品物）かどうかを目利きして捜査する刑事のことです。（反物は今では死語かな？）

そこから國府田代理は私にこんなアドバイスもくれました。

「福原、おまえの歳では、今から贓品の専門になるのは無理だ。若い頃から多くの経験を積まないとなれないものだからな。だから、それとは違う新しい専門分野を探せ！　十八番をつくると、その専門分野に最後（定年）まで携われるぞ！」

ほかの捜査員がすでにやっている分野ではなく、それとは違う新しい分野、これから自分が開拓できる分野とは何か？

さて、自分は何ができるのか？　何を十八番にすればよいのか？

私は真剣に考えましたが、その答えはすぐには見つかりませんでした。

簡単に見つかるものなら、誰もがみんな専門分野を極めて大成しているはず。そんなことも考えたりしましたが、得意技を見出すきっかけはある日突然、目の前に現われました。

大井警察署保安係の捜査員を任命された年の冬のある日のこと、私は捜査員になって初めて自分で新しい「ネタ」を見つけたのです。警察官が使う「ネタ」とは、「事件の材料や犯罪のきっかけになるようなもの」という意味です。

刑事は自分でネタを取ってきて初めて評価される職業といえます。「ネズミを捕らないネコはいらない」という論理と同じで、私は駆け出しの頃、上司や先輩からこう言ってよくハッパをかけられたものです。

「おまえも一人前になりたければ、自分でネタを取ってこい！」

そこで私は常にアンテナを張りめぐらせていました。そんなときに目にしたのが当時の保安第一課長からの「『絶滅のおそれのある野生動植物の譲渡の規制等に関する法律（希少野生動植物の譲渡規制法）』の取り締まり要領について」という通達でした。

「ん、絶滅のおそれのある野生動植物の譲渡規制法って、いったい何だ？」

よくわからなかったので私なりに調べてみたら、自分の趣味である熱帯魚と深く関係している法律であることがわかりました。

「なんだ、自分の好きな分野のことじゃないか」

譲渡規制法は、現在の「絶滅のおそれのある野生動植物の種の保存に関する法律（種の保存法）」の前身にあたる法律で、現在は廃止されています。この法律を説明するためには、その前にワシントン条約に触れなければなりません。

１９７３（昭和48）年、米国ワシントンで81ヵ国が参加して国際会議が開かれ、「絶滅のおそれのある野生動植物の種の国際取引に関する条約」が採択されました。野生動植物の特定の種が過度に国際取引に利用されることのないよう、それらの種を保護することを目的とした国際条約です。ワシントンで採択されたことから、通称「ワシントン条約」と呼ばれています。加盟国は２０１７年2月現在、１８３ヵ国に及びます。

日本は１９７５（昭和50）年４月30日に本条約に署名しました。それから12年後の１９８７（昭和62）年６月、同条約に基づく国内法「絶滅のおそれのある野生動植物の譲渡の規制等に関する法律（希少野生動植物の譲渡規制法）」が制定され、同年12月１日に施行されました。

私が大井警察署保安係の捜査員を拝命したのは、その3ヵ月後にあたる1988年2月でした。

私が捜査員になって初めて自分で見つけた新しいネタとは、この法律に違反していると思われる事案でした。そして、やがて生活環境事犯捜査、つまり絶滅のおそれのある動植物の密輸や売買事件の捜査が私の十八番になっていくのです。

私は自分で見つけてきたこの「生きもの事案」という「ネタ」を、最初に國府田代理に披露したときにいただいた激励の言葉を今でも覚えています。

「福原、これだ、これだよ。これをおまえの得意技にしろ！」

「ああ、は、はい、わかりました。どうもありがとうございました！」

保安係員になって初めて自分で見つけたネタ

先に説明したように、ワシントン条約では、国際取引の規制対象となる動植物は、附属書Ⅰ、附属書Ⅱ、附属書Ⅲと呼ばれるリストに分類されて掲載されています。

私が捜査員になって初めて見つけたネタは、今すでに絶滅する危険性がある生きものを示したリストで、商業のための輸出入が禁止されている附属書Ⅰに関わるものでした。

私と妻、そして3人の息子から成る家族は1988年当時、東京都中央区に住んでおり、休日には買い物がてら家族でぶらぶらと散歩することもありました。

その散歩コースに、地元では名の知れた熱帯魚店がありました。私が大井警察署保安係の捜査員になって初めて自分で見つけた新しい「ネタ」は、その店で発見したものでした。

私は当時、警察職員の寮に住み、部屋に水槽を置いて、たくさんの熱帯魚を飼っていましたが、それらは手頃な価格の「庶民的」なものばかりでした。そのうちの一種が、忘れもしないエレファントノーズフィッシュ。発達した顎がゾウの鼻のように見えたので、そんな名前がついたそうです。アフリカ産の熱帯魚で、エサとして与えるミミズが欠かせませんでした。エサを買うために通っていたのはおもに、当時勤務していた大井警察署の近所にあるペットショップでした。

いっぽう、事件の舞台となった中央区の熱帯魚店は品揃えが専門的でマニア向けの高級熱帯魚を扱う店だったので、たまに足を運び、

「いつかはこんな熱帯魚を飼いたいなぁ」

「おお、図鑑でしか見たことのない熱帯魚が泳いでいるよ」

といった感じで、高級で華麗な熱帯魚をうっとりしながら眺める程度でした。そうです、熱帯魚愛好家の視線で見ていたのです。

家族で訪れた際には、熱帯魚にまったく興味のない妻は子供たちを連れて店の外で待っているか、気が進まないまま、私と一緒に店に入って熱帯魚を見るともなしに眺めていました。

1988年12月。私がたまたま熱帯魚のエサを求めて、その熱帯魚店を訪れたとき、陳列された水槽の中に、体長10〜13センチくらいの大きさのアジアアロワナの幼魚を見つけたのです。

「ん？　これはアジアアロワナの幼魚じゃないか？」

当時、熱心に購読していた観賞魚飼育の情報誌で紹介されていたので、記憶にありました。私の頭の中にしっかりインプットされていました。

と、ここまでは、まだ熱帯魚ファンの目で見ていました。

アジアアロワナはアロワナ科に属する魚で、東南アジア原産の大型の淡水魚です。また、太古から姿を変えていないことから「古代魚」とも呼ばれています。種類によって体色はさまざま。成魚になると明るいエメラルドグリーンの発色が見られる「グリーンアロワナ」や、金色から深紅の発色を放つ「スーパーレッド（紅龍）」、側面の鱗や腹部の鱗が金色や紅色に輝く「スマトラ・ゴールデン（紅尾金龍）」などがおり、観賞魚としてすこぶる人気が高いのです。

中国では、金や赤は縁起のよい配色とされていることから「幸運を運ぶ魚」と呼ばれています。また、中国の神話に登場する龍に似ていることから「龍魚」という呼び名でも親しまれています。

当時すでに国際希少種になっており、珍魚とされていましたが、ワシントン条約国内法の施行により取引が規制されて以降、一段と人気が高まり、バブル景気とあいまって専門店では高額な値段がつけられていました。1頭100万円近くで密売されるなど、利益が大きいことから密売業者が後を絶たなくなっていたのです。これはあとでわかったことですが、その店では1頭600万円という値段のアロワナもいたそうです。

このアジアアロワナは附属書Iに分類されます。附属書Iの個体の売買にあたっては、その個体が正式なルートで入荷したことを証明する、環境庁（現環境省）発行の登録票とともに販売するよう義務づけられました。また、販売だけでなく登録票をつけないで店頭で陳列する行為自体も違反になったのです。

しかし、私が訪れた中央区の熱帯魚店では、この登録票の提示がありませんでした。また、熱帯魚の名前も記されていませんでした。

と、ここで私の目は、ひとりの熱帯魚ファンの目から刑事の目へと変わりました。

「ん、アジアアロワナらしき幼魚だけど、名前が書いてないぞ。それにアジアアロワナであれば環境庁発行の登録票が掲示されているはず。でも、どこにもないじゃないか。これは怪しいぞ」

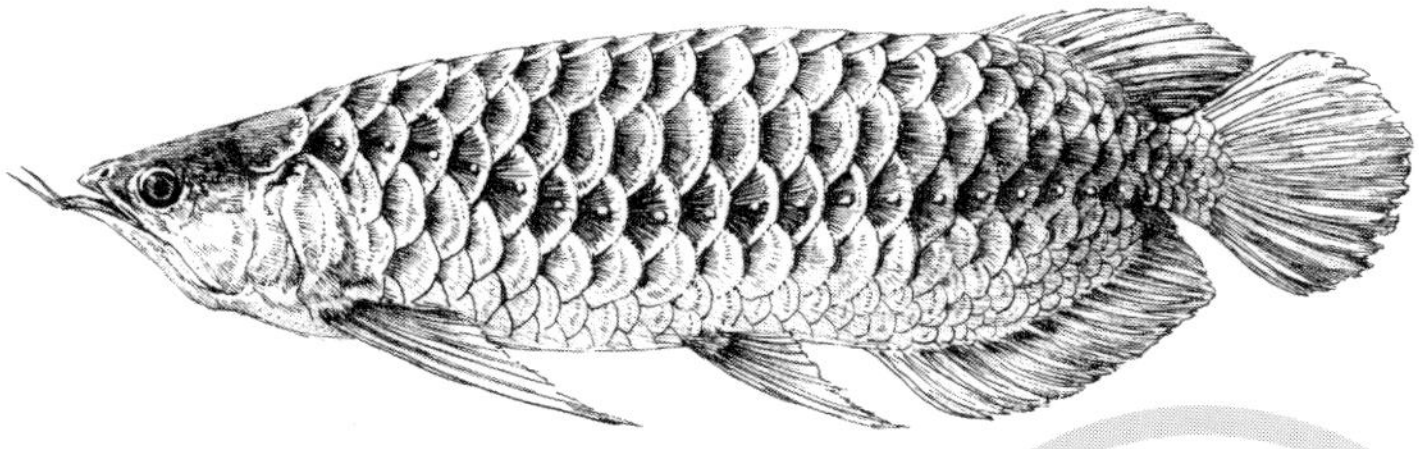

アジアアロワナ

【学名】 *Scleropages formosus*

マレーシア、インドネシア、ボルネオ島などの東南アジアの河川に生息する淡水魚。全長60〜90cm。胴が長く、背びれと尾びれが後方にあり、下アゴが発達して受け口になっている。下アゴに2本のヒゲあり。

福原メモ

ゴンドワナ大陸が各大陸に分離して、アフリカにはナイルアロワナ、オーストラリアにはノーザンバラムンディ、南アメリカにはシルバーアロワナ、そしてアジアにはアジアアロワナが、進化せず古代魚として今も生息している——。ああ生命ってスゴいなあ、古代ロマンを感じませんか！

販売目的で水槽に入れて陳列されている「アジアアロワナと認められる魚」を発見したことが、のちに「希少野生動植物『アジアアロワナ』密売被疑事件」と呼ばれる捜査の端緒となったのです。

端緒とは「物事の始まり」のことですが、警察用語では「事件の手がかり」「捜査のきっかけ」という意味になります。傷害や窃盗などの事件と異なり、生きもの事案は被害者がいないため、すべての事案は捜査員が端緒を見つけることから始まります。私たちは、こうして見つけたネタを「掘り起こしネタ」と呼んでいます。地面を掘り起こさないと出てこないネタだからです。

さて、端緒の次は「初動捜査《しょどう》」に入ります。アジアアロワナ密売被疑事件では、まず当時の環境庁自然保護局野生生物課長に、アジアアロワナの販売目的での陳列がワシントン条約違反に該当するかどうか問い合わせました。すると、次のような回答がありました。

「環境庁長官交付の登録票のないアジアアロワナは、絶滅のおそれのある野生動植物の譲渡の規制等に関する法律により、販売目的の陳列が禁止されています」

初動捜査はこのように事実を確認していくことから始まります。

実際に店で裏取りする場合は、関係者に捜査していることを気づかれないように実行します。相手が警察の動きを察知し、証拠を隠滅したり、偽装工作したりするケースがあるからです。

その熱帯魚店の店主は次のように、やや得意げに話してくれました。

「うちのは安いよ。通常40万円するところを8万円で販売している」

これにより店のアジアアロワナは販売目的で陳列されているものと断定しました。

値段や熱帯魚の名前を表示していないのは、警察がガサ入れに入ったとき、「これは売り物ではない」と弁解するための逃げ道だったようです。

ただし「アジアアロワナと認められる魚」を発見したものの、果たしてそれが本物のアジアアロワナであるのかどうかは素人にはわかりません。

そこで、専門知識をもつ関係機関の協力を得ました。トラフィック・ジャパン（野生動植物国際取引調査記録特別委員会日本支部）にも協力を依頼し、その魚が本物のアジアアロワナであるという確証を得ました。

トラフィック・ジャパンは、世界最大規模の自然環境保護団体であるＷＷＦ（世界自然保護基金）とＩＵＣＮ（国際自然保護連合）の共同事業です。また、ＷＷＦジャパンの野生生物取引調査部門として、日本がかかわる野生動植物の取引に関する問題を中心に活動しています。ワシントン条約が適正に施行されているかどうかを監視する執行機関でもあります。

私は担当者から次のような見解を聞きました。

「体長から推測して１９８７（昭和62）年12月、希少野生動植物の譲渡規制法施行以後に密輸入されたものに間違いないでしょう。アジアアロワナは法施行後、商業目的ではいっさい輸入されていません」

続いて環境庁に連絡し、該当するアジアアロワナの登録の有無を照会しました。

「中央区の××××（店名）の代表××××（名前）は、アロワナの個体登録をしていますか？」

すると環境庁の担当者から次のような回答が返ってきました。

「その店名や代表者名では、アジアアロワナの個体登録はありません。従って登録票の交付はしていません」

その店は登録票のないアロワナを販売するために店内で陳列していることになり、明らかに国際希少野生動植物の陳列違反になります。さらに、その店に当時商業目的での輸入が禁止されているアジアアロワナがいるということから、広域捜査に発展する可能性が生まれました。

こうして、大井警察署と保安課による共同捜査本部が設置されたのです。

熱帯魚の販売でまさか逮捕されるとは思わなかった！

１９８８年12月に始まった捜査は、翌１９８９年1月の昭和天皇の崩御に伴う一連の警備のため、捜査は一時中断。再開したのは３月でした。

中央区の熱帯魚店に対して集中的な内偵捜査を進めた結果、同店に出入りする埼玉県の卸売元の男性鮎川（仮名）や、多数のアジアアロワナマニアがいることも確認できました。

捜査チームは、状況から次のように推測しました。

「アロワナの幼魚が店で生まれたはずはない。おそらくほかの場所で生まれた個体を経営者魚住（仮名）が買い取ったか、譲渡してもらい、店へ移したのだろう……」

「それが真実ならば、登録票のない個体の譲渡・譲受・引き渡し・引き取りといった移動は、希少野生動植物の譲渡規制法違反にあたる」

ここで警察の捜査の簡単な流れを説明します。

事件の端緒のあとは、犯罪事実を裁判官が納得するまで固め、現実にそうなのか証拠品を押収するために「捜索差押許可状」という令状を請求します。被疑者の居宅、共犯と思われる人物の居住場所など関係箇所をその令状で捜索捜査し、犯罪事実の証拠品を確保し、被疑者の簡単な取り調べを行います。この捜索のことを警察用語で「ガサ」と言います。

テレビや映画で刑事がよく「さあ、ガサ入れだ！」と口にしますよね。あれは「家宅捜索するぞ」という意味です。「捜す（さがす）」をひっくり返せば「すがさ」。「す」を省略して「ガサ」となったといわれています。

このガサの間に罪証隠滅・逃亡のおそれが認められれば逮捕状を請求し、身柄を留置場におきます。そこでの取り調べで事実をさらに固め、事件送致（事件を警察から検察官に移す手続き）を受けた検察官が、公判請求か、略式命令による罰金納付（いずれも起訴）か、不起訴または起訴猶予かを決めます。それが確定すれば警察の捜査は終わりです。

いっぽう、最初から逮捕する事案もあります。それは覚せい剤取締法の所持違反などで、覚せい剤試薬による検査で即時に白黒がはっきりするからです。これが裁判官の発付する逮捕状を必要としない「現行犯逮捕」です。当然のことですが、起訴まで科学捜査研究所に嘱託して、本鑑定に付します。

アジアアロワナの捜査では、本鑑定を実施し、ワシントン条約の附属書Iであるという鑑定結果を得てから逮捕状請求となります。この事件でも、事前に捜索差押許可状を請求して捜査（ガサ）を行い、アジアアロワナ5頭を押収しました。

1989年4月、販売目的陳列の事実により、中央区の熱帯魚店の強制捜査に踏み切りました。販売目的陳列違反での強制捜査は全国初のことでした。厳密にいえば、中央区の事件の2ヵ月前に神奈川県の川崎臨港警察署が税関の告発を受けて、アジアアロワナの密売について動いた事件がありました。ですから、私が言う「全国初」とは、警察がネタを取って摘発した最初のケースという意味です。

この捜索の際にアジアアロワナがいないと事件にならないので、ある「優秀な捜査協力者」にある捜査を依頼しました。

「客を装って店内に入り、俺が話した陳列水槽にアジアアロワナがいるかどうか確認し、共同捜査本部のある大井署に連絡しろ！」

そう命令した優秀な捜査協力者とは、じつは私の妻でした。

妻は「どうして？」と質問してきましたが、私は「なんでもいいから見てこい」と背中を押しました。

やがて「アロワナいたわよ」という連絡を受けて、私は保安課の主任に「現時点でアロワナはいます」ともっともらしく報告しました。

このときのことで妻はいまだに私の首根っこをつかもうとします。

「ガサが成功し、今があるのは、いったい誰のおかげ？」

そんなわけで妻には今でも頭が上がりません。

それはさておき、アジアアロワナの押収と取り調べにより、中央区の熱帯魚店経営者の魚住は埼玉県にある卸売元の鮎川からアジアアロワナを仕入れたことが判明しました。さらに、押収した経理帳簿類から、鮎川から魚住へのアジアアロワナの譲渡事実が明らかになったため、裁判所に逮捕状を請求することになりました。

「熱帯魚の売買で本当に逮捕できるのか？」

「裁判所は熱帯魚の売買で被疑者の逮捕状を発付してくれるか？」

「この事案では、ひょっとしたら逮捕状は発付されないかもしれないぞ」

正直なところ、このケースは最終的にどうなるのかわかりませんでした。司法の判断が予想できなかったからです。希少野生動植物の譲渡規制法違反で逮捕した前例はなく、取り締まり要領もない。すべて手探りの状態だったのです。

警察の捜査において逮捕状請求はきわめて重要な部分を占めます。警察捜査が裁判所の審査を受けるわけですから当然です。逮捕状が発付されないときは「令状請求却下事案」として、その請求について検証が行われます。しかし、特に逮捕状請求について必要性がない場合以外、裁判官は請求があれば逮捕状を発付しなければなりません。

当時は、希少動植物の保護や生物多様性に対する認識もまだほとんどない時代でした。ですから、令状請求がこの事案の最大のヤマだったともいえます。あとは一か八かで行くしかない。

裁判所へ出かける直前、國府田代理はこう言って背中を押してくれました。

「よし行ってこい！」

その言葉を聞いて勇気がわいてきたものです。

今でも覚えていることがあります。それは、今では考えられないことですが、令状請求の前日に東京簡易裁判所大森分室に足を運び、書記官に事前説明をしたことです。逮捕状を発行してくれないかもしれないという多少の不安はありましたが、とにかく懸命に説明したことを覚えています。

そして無事、逮捕状は発付されました。

今でも時折、検察官に、

「この事案に判例はありますか？」

と質問されることがあります。しかし歴史の浅い「生きもの事案」は、判例がないケースばかりなのです。だから捜査員はすべて自分で判例を作っていかないといけないのです。

結論から先に言えば、この店はアジアアロワナの密売事件の大きなヤマの入り口となりました。

逮捕状を取り出して、魚住の目の前に示したときの様子は今でも忘れられません。

「逮捕！」と叫ぶと、魚住は一歩後ずさりしたのです。

警察が店に入ったときは、職人の親方風に息巻いていましたが、このときばかりはおそれおののいていたようです。熱帯魚店がガサを受けて、いずれ捜査の手が自分にも及ぶかもしれないと、うすうすは感じていたのでしょうが、逮捕状が出されるとは想像もしていなかったようです。

「こんなことで警察が本格的な捜査を始めるわけがないし、自分が捕まることなんてない」

とタカをくっていたのでしょう。

「まさかそこ（逮捕）までするとは思わなかった！」

魚住がそう叫んだのも無理はありません。なにしろ初めてなのですから。

アジアアロワナの幼魚は、店のほかに、カーテンを閉めて外からは目につかないようにして、彼の自宅の縁側に置いた水槽でも飼育されていました。

魚住に続き鮎川も逮捕しました。鮎川は東京都三鷹市のペットショップ経営者鷹田（仮名）から、アジアアロワナを30頭仕入れていたことが判明しました。このほかにも、鮎川の供述により、鮎川から販売目的で購入したペットショップ経営者牛尾（仮名）と、東村山市で熱帯魚店を営む鶴巻（仮名）を逮捕しました。

のちに鶴巻は、１９８８年2月に横浜税関から関税法違反で取り締まりを受けた際、アジアアロワナ54頭を隠匿して押収を免れ、前後21回にわたり、1頭7万〜30万円、合計６４３万２０００円で販売したと自供しました。

当時はバブルで日本全体が浮かれていた頃。錦鯉を1頭売ればン百万円の時代でしたから、６４３万円で販売していたと聞いても驚きはありませんでした。

これによりアジアアロワナの密輸ルートが解明されました。捜査範囲は、東京、神奈川、千葉、埼玉、茨城、群馬、静岡、沖縄の1都7県に及びました。これほど広範囲になった理由は、関係者が全国にいて、裏取りをしなければならなかったからです。密売ルートの流れを知っている捜査員が手分けして各地へ出向き、裏取りをし、事実をまとめていったのです。

アジアアロワナ密売被疑事件は、最終的に9店を摘発し、逮捕者は計4名になりました。押収したアジアアロワナは71頭でした。

この一連の事件で逮捕された者たちは、逮捕の内容を重々納得していました。そのリスクに見合った値段をつけているという事実だけでも、彼らは違法であることをわかってやっていたはずです。

希少野生動植物の譲渡規制法違反の場合、この当時の量刑はほとんどが少しの罰金と、有罪が出た者でも懲役数ヵ月で執行猶予付きでした。私はこの程度の軽い刑罰では、なんの抑止力にもならないと改めて肌で感じました。

その当時、警察署の保安係は覚せい剤の取り締まりをメインにしており、覚せい剤の検挙は本部からの評価もよかったのです。

「保安をするなら覚せい剤の捜査が花形」という流れのなかで、私は同じ警察官の口から「動物を扱うなどデカのやる仕事ではないよ」という言葉を何度も聞かされました。面と向かって直接言われることはありませんでしたが、周りからもれ伝わってきたものです。

また、こんな声も耳に入ってきました。

「たかが生きものの取引程度で人を逮捕するのか。それも罰則が1年以下の懲役という軽い事件で……」

通常の事件と異なり、「生きもの事案」は容疑者の逮捕ですべてが終わるわけではありません。私たちには、初めて携わる仕事が待っていたのです。

それは「証拠品の保管」でした。証拠品とは、このケースではアジアアロワナ71頭のことです。

事件直後、押収したアジアアロワナの取り扱いをどうすればよいのかわからず、東京地検、環境庁（現環境省）、上野動物園などと慎重に協議を進めました。すべてが初めてのことばかりだったので、協議はケンケンガクガクでした。

最終的に上野動物園水族館（当時）に保管委託されることになりました。さらに、そこから全国に供給されていきました。環境庁と上野動物園水族館との取り決めで決まったようです。

ここで、押収した証拠品の生きものを動物園などの施設に預かってもらうための手続きを簡単に記しておきます。

押収した時点で動物は、警視庁の証拠品として動物園や水族館、研究所に保管委託します。これは、刑事訴訟法に決まりがあって、「運搬又は保管に不便な押収物については、看守者を置き、又は所有者その他の者に、その承諾を得て、これを保管させることができる」とあり、生きものは当然のことながら警察施設では保管（飼養）できないので、動物園などに預けることになります。これを警察では「保管請《ほかんうけ》」といいます。

裁判が始まれば、証拠品である生きものは、検察庁証拠品課の管理に移ります。裁判が終わり、刑が確定すると、本来であれば証拠品は没収されるものを除いて、元の所有者やその他の権利のある者に返され（還付）たりしますが、希少な生きものの場合、還付すれば、また犯罪を引き起こす可能性があり、国際的に保護すべき動物ですので、書面上は、種の保存法違反関係であれば環境省に、外為法違反関係であれば経済産業省に還付した形を取って、動物園などに帰属させるのです。

あっ、ケージの中に、天然記念物のアカヒゲがいる！

アジアアロワナ密売被疑事件を「生きもの事案」の第1ステップとするなら、１９９１（平成３）年の「アカヒゲ密売事件」は第2ステップといえるでしょう。

変わった名前を持つこのアカヒゲとは、南西諸島などに生息しているツグミ科の小型の野鳥です。絶滅のおそれがあるとして１９７０（昭和45）年に国の天然記念物、１９７２（昭和47）年に特殊鳥類に指定されました。天然記念物にして特殊鳥類のこのアカヒゲを捕獲し、密売する事件が起こったのです。

鳥獣保護法違反として密猟者ら5人が逮捕された１９９１年11月当時、新聞や週刊誌でも大々的に取り上げられました。動物に関する事件としてセンセーショナルに紹介された最初の事件でした。その背景として、輸入証明を利用して国内の和鳥が乱獲されていたことが挙げられます。

希少野生動植物の譲渡規制法が施行されるずいぶん前のこと、1972年にトキやコウノトリなどを特殊鳥類とし、絶滅のおそれのある鳥の保護のため、譲渡や輸出入などについて規制する「特殊鳥類の譲渡等の規制に関する法律」が施行されました。のちに1993年施行の「絶滅のおそれのある野生動植物の種の保存に関する法律」に吸収されたため、以降「特殊鳥類」という呼び方はされなくなりました。

メジロなどの野鳥は捕獲に知事の許可が必要で、また飼養登録がなければ飼えません。飼育できる数も一世帯1頭までしか許されておらず、1年ごとに更新する飼養登録票と足環として装着する登録票が義務づけられています。

ところが、日本がバブルに突入した頃、鳴き声の美しいメジロは闇のルートで売買されるようになり、1頭100万~300万円という値段がつけられるほどになりました。

愛好者たちは美声で知られるメジロを秘密裡に持ち合い、「鳴き合わせ会」を開いて楽しんでいたのです。鳴き合わせ会とは、鳥の鳴く回数や声の美しさを競い合う品評会です。この伝統的で優雅な遊びは近年まで行われていました。

メジロのような和鳥は高額で売買されることから、当時、日本国内で乱獲されていました。メジロやホオジロなど日本で好まれる野鳥は「和鳥」と称して中国からの輸入が可能でしたが、朝鮮鳥を和鳥と称して販売する業者も登場していました。

輸入証明書は、日本鳥獣商組合連合会と日本鳥獣保存協会が自主発行しています。これは国内での捕獲が禁止されている和鳥を輸入鳥と区別するために発行しているものです。

ところが、小売業者が和鳥を輸入鳥に見せかけるために、別の鳥の輸入証明書をつけて販売しているのではないかと疑われるケースも出てきていました。

「これは捜査対象だな」

保安課を中心に、それらの不正を確かめるための捜査が始まり、私も参加しました。やがて私はメジロをペットショップで買ったという人間を見つけ、警察の協力者になってもらうよう依頼しました。その協力者の供述を取りました。

「和鳥を輸入鳥と称して売る密売が半ば公然と行われているようだが、情報を知らないか？」

「それなら、『××××』という店で密猟鳥を販売しているという噂のほか、飼っているだけで違反になるような鳥も売っているらしいと聞いたことがある」

この供述をもとに、まず東京都江戸川区にある鳥獣ショップをガサ入れしました。

このときは、東京都鳥獣保護管理員の中村文夫さんに協力してもらいました。中村さんは1975年から「日本野鳥の会」東京幹事・リーダーを務め、1978年に東京都鳥獣保護管理員に就任。現在は東京都北区環境リーダー養成講座の講師を務め、地域の環境リーダーを養成しておられます。

なお、現在、東京都鳥獣保護管理員は都の嘱託で仕事をしています。彼らは住宅街を歩き、鳥の鳴き声を聞いて、鳥獣保護法の対象になっている鳥を見つけ出すと、警察に通報してくれるようになっています。また、捜査現場に同行してもらうこともあります。

さて、話をガサ入れに戻します。店内を家宅捜索したとき、店内には大量のメジロがそれぞれ多数の竹製和鳥カゴに入れられていました。その数は２０００頭くらいでした。メジロはいっぱい詰め込んでも問題ない鳥です。多人数が込み合って並ぶことを「目白押し」と言いますが、これはメジロが樹上に押し合うように並んでとまることに由来しています。

さらに、店舗奥の陳列台上部に木製の扉がついた高級そうな鳥カゴが置かれていました。その扉をひとつずつ開け、鳥の種類を確認していきました。

「これコマドリ」

「これコマドリ」

「これオオルリ」

「これホオジロ」

と、中村さんによる鑑定は1頭ずつ順調に進んでいきました。

その姿を見て「さすが野鳥の大家だ！」と内心感心していたら、突然、中村さんは最初のカゴに戻っていきました。そしてこう叫んだのです。

「ん！　これ、アカヒゲだよ。国の天然記念物のアカヒゲだよ！」

中村さんは最初のカゴのアカヒゲをコマドリと見間違えていたのです。鳥の専門家でも見間違えたのには理由がありました。

その昔、ドイツ人の医師・博物学者のシーボルトが日本各地で動植物を採取し、オランダで分類して学名をつけました。オランダに標本を送る際に、アカヒゲをコマドリと間違えて送ったというのです。シーボルトが間違えるくらいそっくりなのです。

「おおっ！　アカヒゲがいるぞ！」

あの瞬間の中村さんの驚いた顔と、興奮した声は今でも忘れられません。

「えええーっ、アカヒゲですか？」

これをきっかけに、この案件は大事件へ発展していきます。

まず、千葉県市川市の鳥獣店経営者鳩山（仮名）を特殊鳥類譲渡規制法違反で、新宿区に店舗を構える鳥獣店経営者烏丸（仮名）を当時の鳥獣保護法違反の疑いで逮捕し、身柄を送致しました。譲渡規制法を適用するのは警視庁では初めてでした。

鳩山は大阪府の鳥獣店からアカヒゲ6頭を購入し、うち3頭をペット店に転売していました。烏丸は国内で密猟され、飼育されたメジロも売買していました。

次に、鳩山にアカヒゲを販売した容疑で、大阪府で鳥獣店を経営する白鳥（仮名）を逮捕。白鳥は宮崎市の鳥獣商から仕入れており、鳥獣商は奄美《あまみ》大島で密猟されたものを購入したと供述しました。また、小売業者は輸入鳥に見せかけるため、都内の大手輸入業者から別の鳥の輸入証明書を1枚800円で購入し、鳥につけて販売していました。

それまでの取り締まりは、警察署レベルで突き上げて販売店を摘発するという流れでしたが、初めて逆のルートの事例となりました。つまり、販売店から密猟者へとたどりついたのです。この摘発以降、販売店での密売は徐々に減っていきました。

アカヒゲ密売事件は最終的に奄美大島の密猟者にまで及びました。密猟者の鵜川（仮名）は自動車整備工でした。メジロの「鳴き合わせ会」の会員で、以前から鑑賞用にメジロの密猟をしていたということでした。同会で知り合った鳥獣店経営者らから「アカヒゲがほしい」と頼まれていたのです。

ここで肝心なのは、アカヒゲの捕獲が規制されていることを認識していたのかどうかを聞き出すことです。

奄美大島では、実際にアカヒゲの取り締まりは行われていました。だからアカヒゲも捕獲することが禁止されていると理解していたはずです。私は密猟者の鵜川に尋ねました。

「アカヒゲをどうやって捕まえたんだ？」

「刺した」

鵜川が言った「刺す」とは、鳥を捕獲するという意味です。彼は続けました。

「刺すための道具は釣り竿を使った」

鳥を捕まえるのに釣り竿を使ったとは、いったいどういうことだと私は耳を疑いました。

鵜川は次のように説明しました。

アカヒゲ

【学名】 *Erithacus komadori*

沖縄諸島や奄美大島、徳之島などに生息する固有種。全長14㎝前後。オス・メスとも、頭から尾、翼の上面が赤褐色。オスは喉から胸にかけて黒色、腹は白色。メスは胸や腹に灰色の横縞あり。

福原メモ

「留鳥《りゅうちょう》」ってご存じですか？ 年間を通して同じ場所に生息し、季節によって移動しない鳥のことなのですが、この留鳥に私はロマンを感じるのです。だって、羽があるのに自由に飛び回ることを選ばずに、同じ地域に留まって子孫を繁栄させていく。生きものって不思議ですねぇ。

「釣り竿の先端にトリモチをつけて竹藪の中を進む。歩いているアカヒゲを見つけたら、竿で突く。するとアカヒゲはトリモチについて捕らえられる」

それが奄美でのアカヒゲの捕まえ方なのです。奄美にはそういう伝統文化が残っていたということです。保管したアカヒゲの羽に、確かにトリモチのあとがついていたのを記憶しています。

これとは異なるルートで、メジロを密猟していた徳島市の鷺沢（仮名）も逮捕しました。鷺沢は徳島県内の山中でトリモチを使ってメジロやヤマガラ、オオルリなどを密猟。これを新宿区に店舗を構える鳥獣店経営者の志鷹（仮名）に密売していたのです。

この一連の逮捕により、鳥獣保護法の欠陥が浮き彫りになり、何回かの取り締まりを経て法改正にもつながっていきました。それまでは違法に捕獲した鳥獣の譲渡が違反とされましたが、改正以降は密猟鳥を飼うこと自体が違反だというように変わったのです。これを機に検挙が増え、大々的な取引はなくなっていきました。

一連の逮捕で押収した野鳥は８６０頭に達しました。このうち天然記念物のアカヒゲはいったん上野動物園へ預けました。

上野動物園は「このまま引き取って最後まで飼育したい」と申し出てきましたが、環境庁が承諾しなかったので、最終的に全日空の厚意で飛行機に乗せて奄美大島へ返しました。野鳥が飛行機に乗って帰郷するとは、じつにおもしろい顚末だなと感じたものです。

このアカヒゲ事件は当時、週刊誌があと追い取材をして記事にするくらい話題になりました。なかには「警察が鳴き合わせ会という、私たちのささやかな楽しみを奪うんじゃない」という論調の記事もありました。

また、鳥獣店業界では、「メジロ飼いの始祖は源頼朝」という言い伝えもあり、こうした文化がここで途切れることを残念がる声も出ていました。

一連の摘発のあと、和鳥の取引はどんどん少なくなっていきました。もともと愛好者の年齢層が高かったので、市場は徐々に小さくなっていったのです。現在、すでに70代から上の高齢者による小さなサークル程度になっています。ペットひとつ取り上げてみても時流があるということですね。

山採りか栽培株か。それが問題だ

私が保安課時代に携わった大きな事件に「洋蘭事件」があります。洋蘭は鑑賞目的で栽培される、主として熱帯起源の蘭です。

「生きもの事案」といえば、扱う事件は動物ばかりだと勘違いされている方もいるかもしれませんが、植物も「生きもの」なので対象に含まれるのです。コワモテの私が美しい花を事件にできるなんて素晴らしいことではありませんか……。

この事件の端緒は、トラフィック・ジャパン代表の石原明子さんからの情報提供でした。

石原明子さんから警視庁に、

「70年前に絶滅したといわれている洋蘭のパフィオペディルム ディレナティーの山採り株らしきものが日本に入ってきているようです。密輸がらみではないでしょうか?」

という連絡がありました。石原さんは販売店で現物を見て、違和感を覚えたのです。

「これ、なんだか怪しい」

骨董品の世界では、器物や刀剣、書画などの真偽・良否を鑑定することを「目利き」といい、特別な審美眼が必要とされます。これと同じように石原さんは「生きもの」に対する目利きができるのです。

パフィオペディルム ディレナティーが自然から採集されたのは、今までにわずか2度しかありません。最初の記録は1913年、ベトナム北部トンキン地区で発見されたものでした。そのパフィオペディルム ディレナティーの山採り株が日本にあるとは、にわかには信じがたかったのですが、密輸の可能性は否定できませんでした。

ただし、ひとつ問題がありました。蘭はワシントン条約で輸入が規制されていますが、栽培ものについては除外されることです。つまり、山採りの蘭には規制がかかるが、その株をもとに栽培し増えた蘭については規制がないのです。

その洋蘭は、山採り株から成長したものなのか、栽培ものなのか。それを見分ける方法が

パフィオペディルム ディレナティー

【学名】 *Paphiopedilum delenatii*

ベトナム原産のラン科の常緑多年草。原種は斜面の岩上に生育するが、自生地は消滅したと考えられている。春先に薄いピンク色の花を咲かせる。

福原メモ

花の形が女性の靴のようだからか、属名の「パフィオペディルム」は〝女神のサンダル〟を意味し、英語名も「レディ・スリッパ」。美しい花らしいしゃれた名前だなあ、と思いました。

わかれば、違法か合法かもわかるのです。山採り株であれば違法です。

こういう学術分野の専門的なことは、その分野のプロに聞くのが早道です。私は山採り株と栽培株の見分け方を教えてもらうため、当時、茨城県にある筑波実験植物園に勤めていた植物学者の橋本保先生を訪ねました。

橋本先生は素人の私が理解できるよう、わかりやすい言葉を選び、次のように説明してくれました。

「山採り株は山の斜面に自生しています。斜面であることに加え、太陽の光の当たり具合が異なるため、葉っぱの長さは一様ではありません。さらに、山採り株は根っこも違います。岩場に生えているので、根は複雑になっています。

これに対して栽培株はポットの中に入れて育てます。ビニールポットであれば、根は空気を求めて伸びようとします。素焼きのポットであれば空気が入ってくるので、根っこがとぐろを巻きます。また、栽培ものの葉は虫に食われることなくきれいです」

橋本先生は「このようにして山採り株と栽培株を見分けることはできますよ」と明言してくださったので、私はようやく確信しました。

「もし密輸であれば事件にできる！」

このとき、橋本先生は自身の専門知識が事件の大きな鍵を握ることになるとは思いもしなかったことでしょう。

この事件で橋本先生に洋蘭の鑑定をお願いするため、鑑定嘱託書を持参したとき、先生から教えられたことがあります。

「いいですか、学名はどの場合でもラテン語で書いてください。それも斜体で、です」

学名はラテン語の斜体で書くこと。生物学の世界では常識であることが、未熟だった生きものがかりには初めて聞くことでした。現在、私は部下に厳しく教えています。「学名はラテン語の斜体で書け」と。

このときに私が学んだことは、自分で判断できない際は、見分けができる専門知識を持つ権威ある人にいち早くアプローチすることが肝心だということです。

「捜査に必要であれば、東大や京大の門を何度でもくぐってやるぞ！」

そんな気構えでした。

この事件以降、同種の事案があれば、すでにノウハウがあるから対応できるという自信もつきました。


さて、洋蘭事件の続きですが、次に実際の現場での検証に挑みました。石原さんが疑いを抱いたパフィオペディルム ディレナティーを販売している店に出向き、パフィオペディルム ディレナティーの根と葉をしっかり確認したのです。販売店では、客がそういう確認をすることは禁止されていません。

アジアアロワナ密売事件のときもそうでしたが、最初に販売店に出向くときは、経営者に警戒されないために一般客を装っていきます。

刑事ドラマで、いかにもいかつい顔をした刑事が似つかわしくない場所（たとえばファンシーな雰囲気の喫茶店とか）にいて、場違いな雰囲気に「それじゃバレるよ」とツッコミを入れたくなるようなシーンを見ることがありますよね。私も比較的いかつい「刑事顔」をしていますが、ペットショップでは学生の頃から通い慣れ、動植物にもそれなりの知識を持っている、というよりなにより「好き」な気持ちがあるので自然に店になじむせいか、気づかれたことはありません。

ただし、そのパフィオペディルム ディレナティーが山採り株か栽培株かは、刑事が検査しても見分けられないため、トラフィック・ジャパンの職員に一般客を装ってもらい、同行してもらいました。こちらからすれば捜査協力、トラフィック・ジャパンからすれば、ワシントン条約の施行が適正になされているかどうかをモニタリングする仕事というわけです。結果たしてポットから抜いた根は山採り株の特徴を示していました。これを確認し、輸入販売業者の初動を行い、裁判所に令状を請求しました。

ワシントン条約で輸入が規制されているパフィオペディルム ディレナティーを日本に輸入していたのは台湾国籍の台湾人でした。

その台湾人の密輸業者はパフィオペディルム ディレナティーをキャリーバッグに入れて

日本の空港に降り立ちました。税関検査の際に山採り株は乾燥したような状態だったので、「これは茶葉だ」と申請していたことがわかりました。税関の職員は、その言葉を信じて通したのです。「茶葉」と説明されたら、ほぼすべての職員がそれを疑いもしなかったことでしょう。

密売業者を逮捕したのは、「世界らん展」が開かれていた東京ドームでした。容疑者がそこで展示・販売する業者と接触することがわかったからです。

裁判所に逮捕状を請求したとき、担当の裁判官が蘭の愛好者だったので、私にこんな質問をしてきました。

「明日、東京ドームで『世界らん展』があるんだけど、福原さんは、まさかそこで逮捕状を執行するわけではないですよね？」

「いや、そこで逮捕します」

「あんまり派手にやらないでくださいよ。私も洋蘭が好きで、明日そこへ行きますんで」

「わかりました。静かにやりたいと思います」

その言葉どおり実際に静かな逮捕でした。

そこのモノとここのモノとが同一であることを立証しろ！

予定どおり東京ドームで逮捕しましたが、じつはこの事件では、誠に残念ながら台湾人業者の密輸を立件することはできませんでした。その理由はこうです。

台湾人業者が日本に持ち込んだ株と、いまそこにある株とが同じであると特定できなかったからです。つまり、台湾人業者が日本で手に入れた株である可能性も否定できなかったのです。

彼らは現物を持って日本に入り、国内の販売店に買い取ってもらったり、展示即売会の会場で販売したりします。ここで着目すべき点は、入国からの時間です。このケースでは、入国から時間が経ちすぎていました。

忘れもしないのは、検察官Wのこんな指摘です。

「そもそも、そこのモノと、ここのモノが同一であるとどうやって結びつけることができるんですか？」

「はぁ？」

「被疑者は日本に入ってから10日以上、国内を移動していますよね。それでも、日本に持ち込んだモノと販売しているモノが同一であると立証できれば、密輸だと認めて起訴します」

Wの指摘どおり、密輸品であることを立件するには、「時間的接着性」からその洋蘭の「同一性」を立証するしか手はありませんでした。しかし実際には、それができなかったのです。

では、どうやって立証するかといえば、移動中にほかのモノが紛れ込む余地がないことを証明するのです。具体的には、台湾人業者から供述を取り、たとえば次のようなタイムスケジュールを作成します。

「被疑者Xは、○月○日○時○分に××空港に降り立った。○時○分にモノレールで××駅まで移動した。その後、徒歩で移動し、○時○分に△△△ホテルへチェックインした。その間、誰とも接触しなかった」

このようなXの動きを逐一再現し、誰かからモノを譲り受けたり、交換したりする可能性をつぶしていくのです。国内で洋蘭を手にする余地がまったくないとなれば、同一だと証明できます。

そもそも熱帯の植物は、日本国内のどこでも採取できるというものではありません。Xの動きを調べていけば、蘭の同一性は担保できると考えました。

最終的には密輸まで立件できないという悔しい思いを経験しましたが、そのときの失敗が教訓となり、その後の捜査に生きていることは事実です。

先に紹介した「アカヒゲ密売事件」の際、密猟鳥をめぐって販売店から密猟者へさかのぼって捜査したように、警察に現在あるモノが密輸品であると立証するには、時間を巻き戻して事件の始まりの時点を確かめる必要が生じます。おそらくこれまで、警察に保管されている証拠品からさかのぼって密輸入を捜査した事例は少なかったのではないかと思います。

そこで考えた手法が「再現」の採用でした。再現は古くからの手法で、被疑者の犯行を本人の供述に基づき、捜査員が可能な限り忠実に再現し、証拠化するものです。

ベトナム・ダナン市沖の公海上で逮捕した密輸ブローカー猪瀬の余罪として、アメリカからサイイグアナを密輸入した事件でこの再現の手法を使いました。


サイイグアナは吻端《ふんたん》にサイの角のように盛りあがった鱗があるイグアナで、中南米ドミニカ共和国などの島々で生息しています。

事件の発端は、ハイブリッドのサイイグアナが東京都中野区のショップで堂々と売られているという情報でした。ハイブリッドとは雑種のことです。このサイイグアナは生息地によって8種くらいの亜種がいます。ショップの経営者は、そのサイイグアナとケイマンイグアナの掛け合わせを猪瀬から仕入れたのです。「これは雑種だから、種の保存法は適用されない」という論法で販売目的の陳列を始めました。

種の保存法はその指定を「科」「属」「種」で定めています。

サイイグアナが種で定められていれば、属間の亜種は確かに種の保存法の適用外ですが、サイイグアナは*Cyclura*属（サイイグアナ属）全種で指定されています。したがって属間の雑種も適用されるのです。

密輸入した猪瀬は共犯の犀川（仮名）とともに余罪としてこの事件について供述しました。密輸で立件されたのは猪瀬だけでした。犀川という共犯者がいたのに、どうして猪瀬だけ立件されたのか？

じつはこんな理由があったのです。2人はアメリカでサイイグアナを仕入れてダラスの空港で一緒に搭乗しようとしたところ、その直前に、猪瀬の後ろにいた犀川がどこかへ消えたからでした。

「振り返ると犀川はいなかった」と、猪瀬は語りました。

猪瀬と犀川はカセットレコーダーに2頭のサイイグアナを詰め込んで密輸入をしようと計画していました。ところが、手荷物検査を受ける直前に犀川は恐ろしくなって逃げたということでした。

「こんなことは、過去何度もあった」

猪瀬は平気な顔でそう供述したことを覚えています。

このサイイグアナ密輸事件のときに行った再現を振り返ってみましょう。

捜査員は成田空港に向かいました。猪瀬は「成田空港から名古屋の自宅に運んだ」と供述していたので、入管と税関に協力してもらい、犯行当時の到着時間に成田空港の到着ゲートから再現を開始しました。

入国手続きが終わり、サイイグアナを密輸できたことで緊張感から解放され、成田空港の到着ロビー2階にある喫煙所でたばこを吸った……と、猪瀬は供述しています。このような供述を「秘密の暴露」といいます。本人しか知りえない事実で証拠価値のある供述となります。

そこで、捜査員も猪瀬と同じように喫煙室でたばこを吸うシーンを再現し、カメラに収めました。次に捜査員は成田空港から電車で東京駅まで移動し、そこから新幹線に乗って名古屋駅まで向かいました。

このようにして被疑者猪瀬が当日行った実際の行動、移動ルートを再現し、供述とほぼ同じ時間に被疑者の自宅に到着したのでした。これを「再現報告書」としてまとめました。

検察は、この報告書を採用して外為法違反として起訴してくれました。捜査員のなかには、「犯行時の到着時間はわかっているし、乗り換えアプリでも使えば、実際に再現しなくても簡単に裏づけ報告書は作成できる」と主張する者もいましたが、洋蘭の密輸入事件での失敗からこの方法しかないと考えた結果、あえて採用した手法でした。

「捜査員が実感しないと報告書に迫力が出ない。説得力がない」

こう唱えて捜査員に再現を命じたのです。

この再現から後追いの密輸捜査は、航空便の到着時間からの流れが重要。その流れのなか

サイイグアナ

【学名】 *Cyclura cornuta*

カリブ海のイスパニョーラ島、ハイチ、ドミニカ、モナ島、ナヴァッサ島などに生息する。全長約130㎝。吻端と目の間の鱗が角のように盛りあがっている。食性は雑食で、主に植物の葉や果実を食べる。

福原メモ

この子には捕獲の際に右手の親指を噛まれて３針縫って、今も痕が残っています。しかもそれがテレビカメラに撮られて、私の流血シーンがニュースで放送されてしまった。とんだ恥をかかせてくれた憎いヤツです。指の傷痕を見るたび、心がうずきます。

に、ほかからの密輸品が紛れ込む余地がないことを立証するのも、その後の私のセオリーとなりました。以後この手法で密輸を逆捜査により何度か立証しました。

それでも、「判例はありますか?」と尋ねてくるタイプの検察官には通用しません。前例がないからやる気がないのでしょうか、密輸の話をしただけでそっぽを向く検察官もいます。


さて、最初の洋蘭事件に話を戻します。山採り株の見分け方を教えてもらった橋本先生へは、後日、事件の報告を兼ねて御礼に出向きました。

「洋蘭の事件は大々的に報道され、私は大きな手ごたえもつかんでいました。それでも、私たちの仕事はそれほど社会的に認められませんでした」

橋本先生の前でそんな話をした記憶があります。そのとき、橋本先生は優しい言葉で私を労《ねぎら》ってくれました。

「……そうでしたか。しかし、あなた方の取り組みはたいしたものだった。ぜひ本にまとめなさい」

橋本先生には、生きもの事案の捜査を高く評価していただき、救われた気がしました。

この時期の傾向をまとめておきます。まず、どうしても密輸入の検挙にまで至らなかったことが挙げられます。その原因は、情報源の不足です。

当時、専門的に「生きもの事案」を捜査する部署はなく、情報はNPO法人や環境庁（当時）の行政窓口からの提供のみでした。ペット業者や動物園関係者などから生きた情報を得ることもありませんでした。また、情報が提供されたときには、普段は賭博などの別種事件の捜査に従事している捜査員を集めての捜査でした。

洋蘭事件の場合、トラフィック・ジャパン代表の石原明子さんという有力な協力者がいてくれてとても助かりました。ただし有力な協力者から情報が入ってきた案件であっても、じつは立件できないケースもあるのです。おおざっぱな割合でいえば、7割が立件でき、3割はできません。

附属書Ⅰに分類されているものなら、ほぼ100パーセント立件できる自信はあります。難しいのは商業目的の取引を可能とする附属書Ⅱに分類されている生物です。商業のための輸出入が禁止されている生物が属する附属書Ⅰは、当然のことですが、国内の流通に規制が及ぶので、附属書Ⅰの生物が販売されていた場合、検挙に躊躇はありません。ところが、附属書Ⅱの生物の場合、荷の上陸から生還検査まで規制がかかるのですが、一旦、国内に入ると規制がないのです。だから附属書Ⅱの生物の立件には、輸入された直後、他の同一物が混入するおそれがないという相当な「時間的接着性」がないと、検挙が難しくなるのです。

なお、洋蘭の密輸に関する事件は2006年にも発生しています。日本在住の中国人の大学生がインターネットで野生の蘭パフィオペディルム ディレナティーを中国から2株輸入して販売していた事件です。

中国人大学生はインターネットオークションのサイトに写真を載せ、埼玉県の会社員男性に5000円で販売。種の保存法違反（陳列、譲渡）の疑いで、計3人を逮捕しました。日本には蘭の愛好家が多く、一定の需要があるため、同様の密輸事件が起こるのでしょう。

警視庁に生活環境課環境第三係「警視庁の生きものがかり」誕生！

1992（平成4）年6月、「絶滅のおそれのある野生動植物の譲渡の規制等に関する法律」を発展させた新しい法律「絶滅のおそれのある野生動植物の種の保存に関する法律（種の保存法）」が成立し、翌1993（平成5）年4月1日に施行されました。

種の保存法は、希少野生動植物種の保存を図ることを目的とする国内法です。販売目的の陳列の禁止、捕獲の禁止、譲渡の禁止などが定められました。

しかしながら、この新しい法律が施行されたことで、すぐに私の活躍の舞台が増えたわけではありません。その理由は、数年ごとに配置先が変わり、そのたびに取り組む事案の担当が異なっていたからです。

私が生活安全部生活環境課に配置されるまでをかいつまんで紹介します。

私は1993（平成5）年2月に防犯部保安課、1995（平成7）年3月に生活経済課に配置されました。生活経済課では公害係を拝命し、同年3月20日に発生した「地下鉄サリン事件」に出動しました。

１９９８（平成10）年10月、警部補へ昇任し、荏原《えばら》署（東京都品川区）に配置されました。荏原署では盗犯捜査を担いました。

その後、警察改革の実施中、２０００（平成12）年、武蔵野《むさしの》市環境政策課に部外派遣されました。部外派遣とは、警察以外の職場に派遣され、そこで働くことです。一般企業なら「出向」と呼ばれるものです。私の派遣先は武蔵野市役所でしたが、警察官が役所に派遣される珍しいケースとなりました。

「福原、他流試合をやってこい！」

上司からこのように激励され、勇んで武蔵野市環境政策課に出向いたものの、派遣された警察官は私ひとりだったし、職員のみなさんの私を見る目も特別であるように感じられ、そうとうなプレッシャーの毎日でした。

武蔵野市環境政策課に出向いた期間は2年間でした。ときには防護服を身につけ、住宅街の藪に分け入ってスズメバチの駆除をしました。年始にゴミ対応の職員の数が足りず、ゴミ収集のパッカー車に同乗してゴミ収集したこともありました。

市のゴミ処理施設「クリーンセンター」の煙突の点検を行うために煙突の中にもぐったこともありました。

そのような仕事もしながら、一方で安全・防犯の側面から市の行政、安全条例の制定に携わりました。ガードマンを雇って市内パトロールを実施したり、パトカーによく似たクルマを使って市内パトロールを企画したりしました。私自身は、「街なかの警察官はどうあるべきか」を市役所の職員と一緒に考えた時期でした。

そして2002（平成14）年、警視庁で組織編制が行われ、同年10月、生活環境課が創設されました。それまで生活環境に係る事案は、警察組織内でやや日陰の存在でした。薬物対策課の中に衛生事案を担当する者がいましたが、そこはあくまでも覚せい剤事案取り締まりが主流の部署。薬事事案の担当者はどうしても肩身の狭い思いをせざるを得ませんでした。

しかし生活環境に関する事案は増えていたし、時代の変化に対応するために組織改革が行われ、組織替えが実施されたのです。こうして薬事事案や環境事案、危険物事案などを専門に扱う「生活環境課」が誕生したのです。この課の中に、のちに「警視庁の生きものがかり」と呼ばれるようになる環境第三係が誕生するのです。

ただし、当時の生活環境課のメインの案件は、薬事と産業廃棄物の不法投棄の取り締まりなどで、私はそれらに従事していました。その合間に「生きもの事案」に取り組んでいました。じつはその頃の「生きものがかり」は、警視庁ではまだ陽の当たらない係だったのです。

そんな状況にあっても、私はコツコツと動物関連の事件の掘り起こしを始めました。誰も目を向けない主流とは異なるジャンルを一生懸命にやっていたので、私のことを変人だと思っている人も少なくなかったことでしょう。それでも、私は「水を得た魚」のようになりました。

当時はまだ今ほどインターネットが普及していなかったので、私は国会図書館で専門書や図鑑を読み漁りました。また、わからないことがあれば専門家に聞きました。実際に動物園に足を運ぶこともありました。

とりわけ役立ったのが、事件のたびに専門家に会って話を聞いたことです。私が聞くのは国内のナンバーワン、ナンバーツーの権威。権威のお墨付きを確保しないと裁判で負けるからです。その分野でいちばん詳しい人に話を聞くことが大事なのです。

学者の先生は一般的にとっつきにくい印象がありますが、「警察がまさかこんな捜査をするとは思わなかった」と驚かれるほかに、「よくぞ私のところへ聞きにきてくれた」という態度の先生も少なくありませんでした。

「警察がこういうのをやってくれる時代になったんだなぁ」と、感慨深く口にする第一人者の先生もいたし、「いくらでも協力する」と申し出てくれた先生も多くいました。それは先生が専門に取り組んでいる研究分野の知見が必要な事案で、捜査員が出向くと日本を代表する一流の先生がもろ手を挙げて協力してくれたこともありました。

環境省で種を定めるとき、専門家を集めて選定委員会を開きます。そこに招集される専門家が日本の権威なので、たとえばＩＵＣＮ（国際自然保護連合）日本委員会のメンバーを環境省から紹介してもらうなどして、動物・生物の専門家、動物園や植物園の担当者などと知り合いになり、ネットワークを広げていきました。

捜査員はどんなネットワークを築いているのかが問われます。どのような人とつながっているかが重要になってくるのです。たとえば国立環境研究所には、絶滅種の遺伝子を保存・研究する部署があります。警察と遺伝子研究。傍から見ると接点はありそうに見えませんが、そこで行っている遺伝子の研究が捜査に役立ったこともありました。

こちらはあくまでも警察官なので、もともと専門的な知識はありません。専門機関や公的機関から紹介してもらい、専門家にアプローチし、相談に乗ってもらいます。そうすると、こちらの知識がどんどん深まっていきます。

知識が深まり、やがて血となり肉となっていくと、捜査の過程でペット業者や動物園の飼育係と会ったとき、彼らが扱っている生きものの話題で話が弾みます。多少の知識が身についていれば、たとえばこんな斬り込み方もできます。

「そういえば、最近××のカメの色が薄くなったねぇ。交配させてそうなったのでは……」

「ええーっ、福原さんは、どーしてそんなにレアな話を知ってるの？」と、逆に質問されたり、「刑事さんなのに、よくそんな情報を知ってるねぇ」と感心されたりすることもあります。つまり、一目置かれるのです。

すると相手は、ある程度専門的なレベルの話をするに値する人物だと認めてくれ、それまで重かった口を開いてくれるのです。

「そう、確かにカメの色が薄くなったねぇ。これはたぶん……」

こんな具合に話が展開し、事件に関わる情報や捜査のヒントを得ることもあるのです。生きもののプロは相手のレベルに応じて話す内容のレベルを変えてきます。これはどんな業界にも共通するルールだと思います。

そして、もうひとつ、情報についての大事なルールがあるとすれば、それは「情報を持っている者に、新しい情報は集まってくる」ということでしょう。反対に「情報を持っていない者には、新しい情報は入ってこない」ともいえますね。

第3章

「生きものがかり」は今日も悪戦苦闘

強力コンビの機転で「ヤモリの蛭田」を逮捕

ここからは、関西ルート、中部ルート、関東ルートの大物を次々に検挙して以降の話をします。

近年、新たに台頭してきた密輸入事案があります。それは英語を自由に操る者たちによる小口のものです。

2013年に発生した「ヒルヤモリの密輸事件」は、ワシントン条約の附属書IIでは全国初の密輸事件となりました。附属書IIに含まれる生きものの場合、商業目的の取引は可能ですが、その際には輸出国の許可が必要になります。日本では経済産業省の事前確認を受けないと持ち込めないことになっています。

ヒルヤモリは主にマダガスカルなどのアフリカ東部に生息しています。明るいグリーンの発色がとても美しく、爬虫類愛好家に人気の高いペットです。ヤモリはトカゲの仲間で、夜行性に特化して進化しました。しかしヒルヤモリは名前のように昼間に活動します。そのため、丸い瞳を持っており、「この瞳が愛くるしい」という愛好家は少なくありません。

ヒルヤモリの密輸事件では、ドイツの空港からヒルヤモリ9頭を手荷物に入れて成田空港の税関検査をくぐり抜けたペットショップ経営者蛭田（仮名）を成田国際空港内のロビーで職務質問し、捜査本部のある池上署（東京都大田区）まで任意同行しました。そこで所持していたヒルヤモリ9頭を鑑定後、逮捕状を請求し、逮捕に結びつけました。

蛭田はネットでヤモリやヘビなどを販売していました。マニア受けする爬虫類ばかり販売していたので、爬虫類愛好家の間では「ヤモリの蛭田」と呼ばれ、その名は広く知られていました。

蛭田はこの事件で経産省の輸入承認のないヒルヤモリを、ヒルヤモリとよく似た「マルメヤモリ」と偽って税関へ申告していました。税関ではモノと数が合えば問題は生じません。しかし事前に「蛭田がヒルヤモリを密輸入しようとしている」という確度の高い情報が私のところへ届いていたので、密輸を水際で阻止することができました。

税関としては、密輸入を見逃して入国させるのは恥になります。そこで、私たちの捜査に全面的に協力してくれました。

まず蛭田を税関の別室に入れ、2〜3時間かけて取り調べました。その結果、申請した機内への持ち込み物と数は合ったので、税関は彼を通過させました。

と、その直後、今度は私たち捜査員が蛭田にやさしく声をかけます。

「蛭田さん？」

「……あ、はい、そうです」

先に書いたようにロビーで職務質問し、捜査本部のある池上署まで任意同行させました。

ここで私は蛭田にドイツで買い付けた生物のリストをすべて書かせました。ヤモリの申告といっても、学名で綴られるため、素人にはそれがどんなヤモリなのか皆目わかりません。蛭田も「学名を書いたところで、それがどんなヤモリなのか、警察にわかるはずがない」とタカをくっていたのでしょう。

もちろん私にもわからないので、爬虫類の第一人者として信頼しているiZoo園長の白輪剛史君に相談し、蛭田が記した日本への持ち込みリストをファックスで彼あてに送信しました。爬虫類のプロである白輪君はすぐに疑いました。

「まず、マルメヤモリをわざわざ手荷物で持って入るわけがない」

次に白輪君は「現場の写真を撮って送ってほしい」と依頼してきました。

捜査員がそのマルメヤモリの写真を撮り、その画像データを白輪君にメールで送信したところ、すぐに返事が届きました。

「それ、マルメヤモリじゃなくて附属書IIに登録されているヒルヤモリだよ！　違法だよ、違法！」

こうして「ヤモリの蛭田」の不正が明らかになりました。取り調べに対し、蛭田は「許可が出るまで待っていると現地での滞在費などの金がかかるから密輸した」と容疑を認めました。

ヒルヤモリ9頭はドイツの「ハムショー」という展示即売会で、およそ5万円で購入した

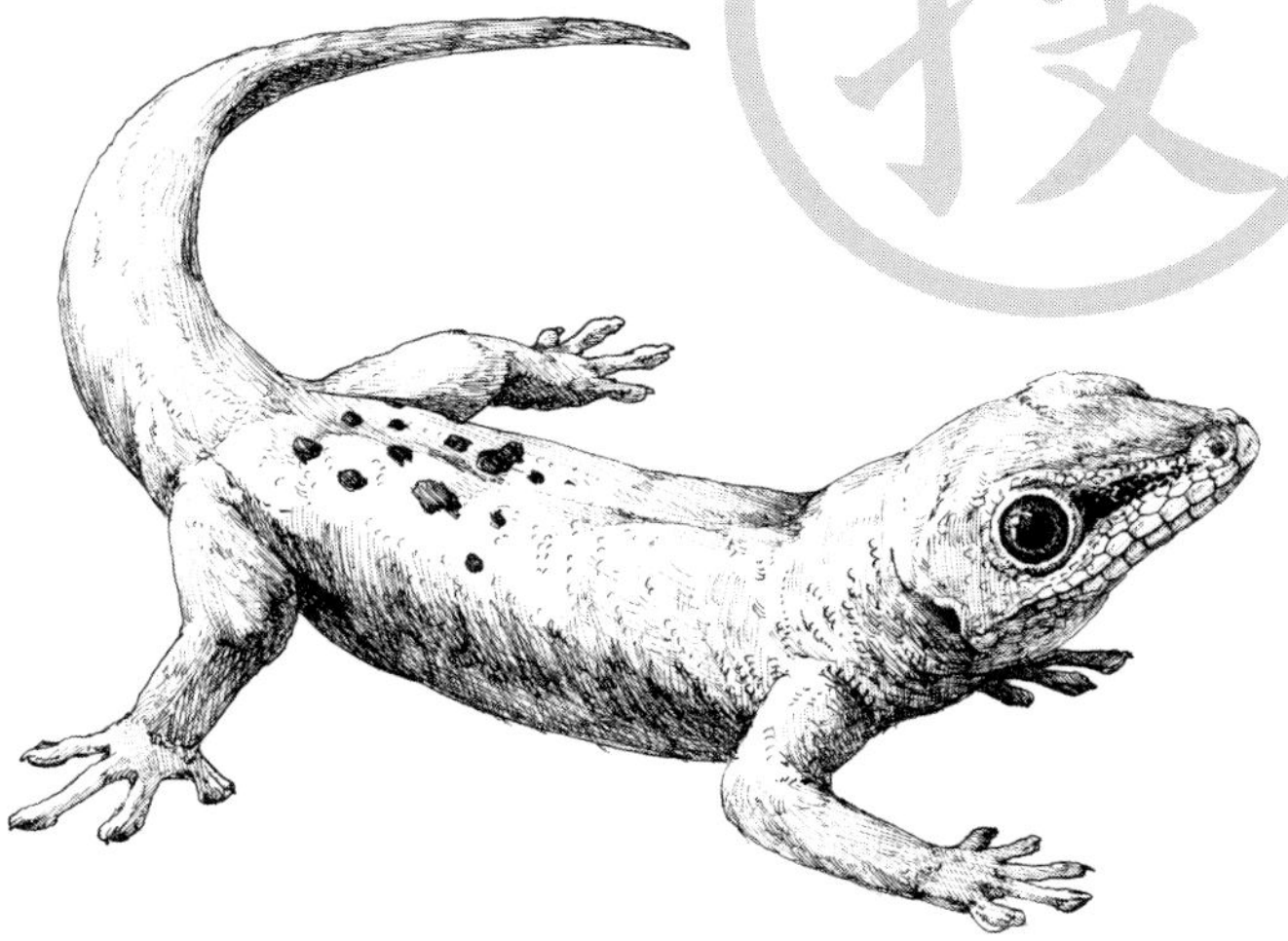

ヒルヤモリ

【学名】 *Phelsuma* 属

マダガスカル島とセーシェル諸島に生息する昼行性のヤモリ。全身が鮮やかな蛍光グリーン色をしており、オレンジの斑紋が入っている。体長は10～15㎝。食性は雑食で昆虫やミミズ、果実などを食べる。

福原メモ

保護されたヒルヤモリが当初、野毛山動物園にいたんですが、野毛山の桐生さんはカメ専門だから、どこか他の動物園に移さなきゃいけませんねと話したら、「いえ、ぜひウチに欲しい！」と、猛然と桐生さんが食らいついてきました。カメだけじゃなくてヤモリも好きなんですね、桐生さん。

もので、彼は日本国内で30万円くらいの価格で販売するつもりだったようです。税関には動物の種類を見分ける目はありません。私も動物の専門家ではありません。でも、事実を確かめる方法はあるのです。

そのとき、現場にいる若い部下が感心してこう聞いてきました。

「係長は、ヤモリの学名のリストを見れば、密輸かそうじゃないのかがわかるんですか？」

「ん、俺はわからないが、わかる方法はいくらでもある」

私の背後にいるプロならわかるのです。そして私は誰がわかっているのかを知っているということです。

ここで弁明しておきますが、捜査中の資料を専門家に見せて判断を仰ぐことは、よくあることです。

私はひとつの事案を俯瞰《ふかん》して見ています。そして、なによりも私の背後には、それぞれの分野の専門家が控えているのです。爬虫類については、私とiＺｏｏの白輪君は「最強のコンビ」みたいなものです。

現場の指揮官は物事を俯瞰して見なければいけません。近年、私は現場での直接の指揮を控えるようにしています。後継者を育成するためです。それに「わかる人」とつながっていれば、捜査に抜かりは生じません。

このように最近の密輸入は小口化し、入国時に逮捕される可能性が高い附属書Ⅰを避け、附属書IIの動植物に移行しています。密輸入先も、これまでのタイに代表される東南アジアだけでなく、インターネットや国際スピード郵便（EMS）などを利用して南米にまで及んでいます。

同時進行している事案のうち、社会的に反響があり、啓発活動につながるような事件を選んで取り組んでいきます。なんでもかんでも取り組むわけではないのです。より効果的にやるにはどうすればいいのか？　いま緊急に取り組むべき事案は何か？　そのような視点からも「生きもの事案」を捉えているのです。

また、法律もペットショップの動向も消費者ニーズも生きものの知識も、常に最新のものに更新していかなければいけません。捜査で協力を仰ぐ専門家やペットショップ経営者らは、こちらがどれくらいの情報を持っているのかを見極めようとします。相手がいくら警察だといっても、素人と話をしたくないからです。

さらに彼らは、専門の捜査員が2〜3年で担当が替わると、また一から関係を築くことを嫌がります。そういった意味でも、専任担当者は長いつきあいが求められているのです。

令状はない。が、とにかく早くブフォを押収しろ！

ヘリグロヒキガエル。

この変わった名前のヒキガエルは、インド、インドネシア、ミャンマー、ラオスなどに生息しています。少し眠そうな眼、赤や黄、黒など体色に特徴があり、日本ではペットとして飼育されてきました。属名は「ブフォ」。

ところが、2005年に「特定外来生物による生態系等に係る被害の防止に関する法律(外来生物法)」によりヒキガエル属は数種を除いて「未判定外来生物」に指定されました。外来生物は、日本固有の生態系に被害を与えるおそれのある動植物として、外来生物法で指定された「特定外来生物」と、生体の影響がよくわかっていない海外起源の外来生物「未判定外来生物」に二分されます。

特定外来生物の輸入を行う際は、輸入しようとする生物の種類名と数量が記載された「種類名証明書」を税関で提出する必要があります。なお、特定外来生物の国内での譲渡・譲受は禁止されています。

いっぽう、未判定外来生物は国内に持ち込むと地域の生態系を破壊するおそれはあるが、はっきりとしたデータがない動物です。

未判定外来生物を輸入する場合、まず環境大臣に届出を提出します。「輸入しようとする生物が国内の生態系に悪影響を及ぼさない」と環境大臣が6ヵ月以内に判断し、その認可を受けたあとでなければ輸入できないようになっています。

実際には、ほとんどの未判定外来生物が生態系に悪影響を与えるおそれがあるそうなので、事実上、輸入できないと考えたほうがよいでしょう。ミドリガメやブラックバスなどの例を挙げるまでもなく、安易に輸入すれば取り返しのつかないことになるのは火を見るよりも明らか。私は輸入しないほうがよいと考えています。

余談ですが、署内で知り合いの捜査員に「今、未判定外来生物の事件を扱っている」と話したとき、

「おお、遂に宇宙人を捕獲したか?」

と、ジョークで返されたことがありました。「生きものがかり」も、さすがに宇宙人については守備範囲ではありません。

さて、この未判定外来生物に指定されているヘリグロヒキガエルが大問題に発展したことがありました。

2007年のことです。ある水産会社がインドネシアに支店をもうけ、マグロを輸入していました。ところが、船が空いていたので、水産会社は「その船に国内で売れるものを積んで持ってくることはできないか」と考え、若い社員を海外へ派遣し、視察させました。ヘビやカエルなどが候補として挙がったそうです。つまり、ペットの輸入ビジネスへの新規参入です。

あるとき、その水産会社の鮫島(仮名)という担当者がインドネシアへ行き、輸入できる新しい「商品」を探してきました。そのうちのひとつが、同国のスラウェシ島に生息してい

るヘリグロヒキガエルだったのです。

その後、東京都多摩のペットショップの社長から鮫島にこんな打診がありました。

「インドネシアへ行って珍しい動物を入手できるようなら、うちの店で売れる動物を買い付けしてくれないか？」

鮫島は喜々としてこんなメールを返信したそうです。

「社長、じつは珍しいヒキガエルを見つけたんです。スラウェシ島にうじゃうじゃいるんです」

「しかしヒキガエルは未判定外来生物に指定されているよね。それを輸入するのはまずいんじゃないのか？」

この間、「輸入する」「しない」のどっちとも取れるメールのやりとりが続きました。

「では、販売するかどうかは社長に任せます」

と、こんなやりとりがあったそうです。

ところが、鮫島はペットショップ社長の言葉を「買い付けしてくれ」と解釈し、船で輸入したのです。そのとき、鮫島はヘリグロヒキガエルではなくヌマガエルと装って輸入しており、水産会社が荷受人となりました。

正式な発注・受注ではありませんでしたが、カエルが日本に届いたからには仕方ありません。ペットショップの社長はそれを引き取りました。

ヘリグロヒキガエル

【学名】*Bufo melanostictus*

スリランカ、中国、タイ、マレーシア、シンガポール、インドネシアなどに生息する。眼から吻部にかけて、縁《へり》の黒い隆起があることが和名の由来。食性は肉食で昆虫やミミズなどを食べる。体長は6〜12㎝。

福原メモ

自然環境研究センターの戸田光彦先生にこのカエルの鑑定をお願いしたんですが、先生が裏返したり、横にしたりとカエルを大胆にいじり回すのですが、カエルは全く表情を変えないんです。嫌がる様子もない。その顔が、私の笑いのツボに入ってしまいおかしくって仕方なかった！

次に鮫島は法律に違反しているという認識がないまま、空輸を試みました。到着した成田空港で「この生物はヘリグロヒキガエルである」と申告したのです。

外来生物を輸入できる飛行場は、成田国際空港、中部国際空港、関西国際空港、福岡空港に限られています。そこに環境省の職員が詰めており、「種類名証明書」のない特定外来生物の輸入は水際で阻止します。

ヘリグロヒキガエルは未判定外来生物なので、「生態系に及ぼす影響はない」という通知を環境省から受け取ったあとでなければ輸入できないと義務づけられています。しかし、鮫島が提出したのは申告書だけでした。

そこで、「輸入できない動物を輸入した者がいる」と、私のところに環境省のなじみの職員から連絡がありました。

通常、警察はガサ入れするとき、裁判所から令状を取ります。しかし、これは未判定外来生物に関する急を要する案件で、現在の保管場所が公開された場所（店舗）であるから、私は令状はいらないと判断し、多摩のペットショップへ駆けつけました。

私が緊急な案件だと判断したのには理由があります。この事件が起こる前年の2006年12月、麻布大学獣医学部の宇根有美《うねゆみ》助教授（現教授）が「カエルツボカビ症」という両生類独特の病気を確認し、これが国内に入ったとき、場合によっては全土に被害が広がるおそれがあると警戒を呼びかけていたからです。

裁判所に捜査令状を請求していると時間がかかります。その間にほかの両生類にウイルス感染するおそれがありました。それに、カエルは逃げてしまう可能性も高いから余計に危険と判断しました。

私は病疫の国内での拡散を防ぐためと、密輸入の立件に向けて早く証拠品を手に入れる必要があったため、自身の「捜査勘」で任意捜査に踏み切りました。

「令状は取らない。公開の場である営業中の店舗では令状はいらない。とにかく早くヒキガエルを押収しろ！　責任は自分が取る！」

急いで駆けつけました。ヘリグロヒキガエルは多摩のペットショップですでに陳列されていましたが、幸いなことに販売を始めて間もなかったため、まだ誰も買っていませんでした。

「ああ、間に合った！」

この事件では、鮫島とペットショップ経営者を外来生物法違反（密輸入）の疑いで逮捕しました。未判定外来生物の輸入に関して被疑者が逮捕されるのは日本で初めてのことでした。

鮫島が勤めていた水産会社はこれを機に爬虫類の輸入ビジネスからは撤退し、逮捕された鮫島は会社を解雇されたそうです。なお、ペットショップの経営者は「1頭8000〜3700円で販売予定だった」と話していました。

特定外来生物は輸入も国内の譲渡も規制がありますが、未判定外来生物は輸入に関する規制があるのみで、国内に入ってしまうと規制がありません。また、いったん国内に放たれると、輸入種であることを特定しにくくなります。「国内の繁殖種だ」と弁解されたら、立証しにくいのです。だから水際に近い場所で、しかもできるだけ短時間で押さえるしかないのです。

おおーっ、「ネットオークション」に特定外来生物が出品中！

昆虫マニアなら、説明しなくてもよいかもしれませんね。特定外来生物のテナガコガネは大型のコガネムシの仲間です。

オスの成虫の前脚がとても長いのが特徴で、昆虫マニアには人気の高い昆虫ですが、２００６年にヤンバルテナガコガネを除く全種が特定外来生物に指定され、輸入と国内での譲渡・譲受が禁止されました。沖縄県に生息するヤンバルテナガコガネとの競合・交雑のおそれがあると判断されたからです。

このテナガコガネが、なんと「ネットオークション」に出品されていたのです。これはインターネット社会ならではの販売方法です。

そこで私たちはすぐに出品者を探し出し、テナガコガネの幼虫を押収しました。幼虫は、いわゆるイモムシの形をしています。

成虫は短命で2週間ほどで死にます。交尾が終わり、卵を産むと個体としての使命をまっとうし、必要なくなるのです。これは自然界の掟のようなものです。

ネットオークションで販売する際には、もちろん「テナガコガネ成虫」などと明記することはできません。それが違法であることを出品者も購入者も知っているからです。

出品者は昆虫マニアで知識も豊富です。彼らは、たとえば「テナガコガネの標本用」と書いて販売したり、「中古マット5万円」といったコピーをつけたりして販売していました。

外来生物の場合、「標本」の売買は問題ありません。死骸は生態系に悪影響を及ぼすことがないからです。そもそもコレクターは最終的には標本にして手元に置いておきたいという人がほとんどなので、標本は高額で売買されています。

それでは、「標本用」とはいったいどういうことでしょうか？

これは、まだ標本になっていないということを暗示しています。つまり、まだ生きているという意味で、愛好家に向けて「あなたの手で標本にしてください」というメッセージになっているのです。

では、「中古マット」とはいったい何でしょうか？

幼虫を飼うのに必要な土を「マット」と呼びます。しかしマットが5万円もするわけがありません。マットの主原料は「木くず」ですから。しかも、「中古マット」と表現しておきながら、成虫が交尾している写真を載せていることもあります。マットの料金の相場は、1キロあたり何百円という料金だから、この表示を見ればただのマットでないことはマニアならすぐわかるのです。

これらの表示は私がネットオークションで見つけたのではなく、疑いを抱いたマニアが環境省に通報したことで判明したものです。

「これは誰が見てもおかしいでしょう。これを放置しておくんですか!」

こういう通報を受け、環境省の担当官は慌てました。

「確かにマットが5万円で売れるはずはない」

「だから、きちんと調べてくださいよ!」

そして、捜査員へ連絡が入ったのです。これが事件の端緒でした。

テナガコガネの販売で、最初に特定外来生物法違反で逮捕したのは関西の昆(仮名)と甲本(仮名)の2人の会社員でした。

昆は昆虫愛好家の集まりでテナガコガネを購入。その後、育成して数を増やし、ネットオークションに出品したのです。これを5頭6万円で落札したのが甲本でした。その後、2人はテナガコガネを育成し、逮捕されるまでに昆は27頭、甲本は5頭所有していました。

また、関東の男がヒメテナガコガネを146頭飼育しており、特定外来生物法違反で書類送検しました。

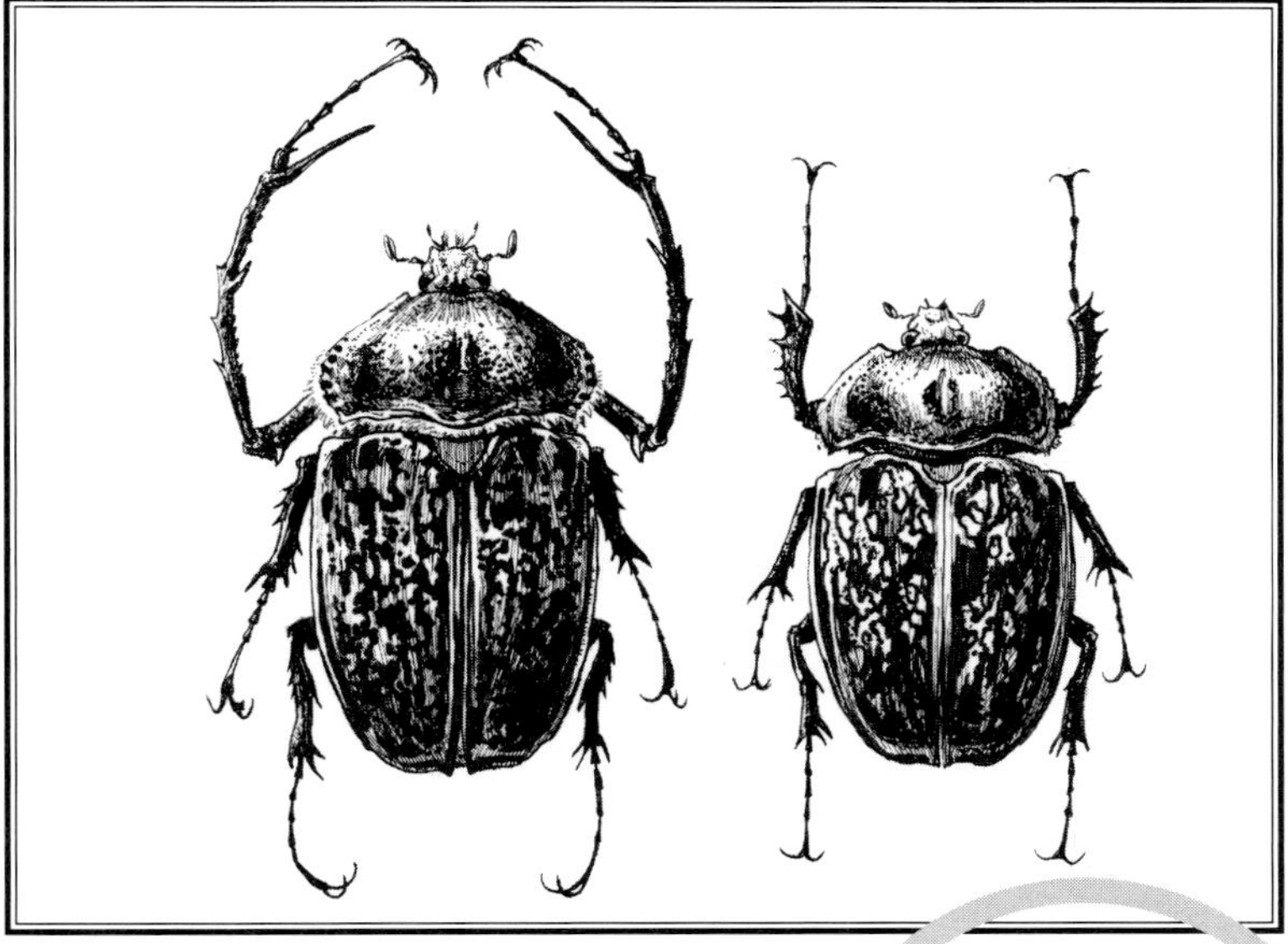

テナガコガネ

【学名】*Cheirotonus* 属

テナガコガネ属は９種あり、東南アジアを中心に生息する。大型のコガネムシの仲間で、オスの成虫の前脚が非常に長いことが特徴。沖縄島北部には同属のヤンバルテナガコガネが生息している。

福原メモ

この子も「禁断の昆虫」と呼ばれています。マニアなら、喉から手が出るほどだけど、手を出したらおしまい。私も昆虫は好きですが、ちょっと熱心さが足りない。以前、カブトムシの繁殖をしてみたりしたんですが、どうしてもメスしか生まれなくて断念しました。ちょっと恥ずかしい思い出です。

このような事件が起こった場合、警視庁はマスコミの取材に対応します。テナガコガネの事件なら、押収した幼虫を公開します。

そのとき、テレビのカメラマンからこんな依頼がありました。

「イモムシはやめて成虫の標本と差し替えてほしいんですけど、できますか？」

押収した証拠品はイモムシですが、成虫の標本を撮影したいという申し出です。理由はテレビの視聴者から「気持ちが悪い」とクレームが入るからだそうです。このとき、カメラマンが撮影したのは押収した標本のみでした。

動物や昆虫の生態をリアルに紹介する番組は、動物に興味のある人や愛好家が見るものです。しかしニュースは不特定多数の人が見るため、万人に不快感を与えることのないよう配慮しているのでしょう。このとき、「ああ、成虫の標本があってよかった」と思ったものです。

ところで、私たち「生きものがかり」は「時期もの」に取り組むことも多くあります。たとえば春なら「バードウィーク」（5月10日～16日）の期間にあわせて鳥に関する事件にあたります。夏休み前なら、昆虫に関する事案をターゲットとします。なぜならば、多くの人の関心が向いている時期なので啓発効果が大きいからです。タイミングがよいのでマスコミも普段より大きく事件を扱ってくれます。そういった意味では、とても戦略的だといえるでしょう。

すべての違反を取り締まることはできません。そこで、私たちが常に考えているのは、啓発効果の大きさです。警察の重要な仕事のひとつは、広報・啓発活動です。

さらに、私たち生活環境課が啓発の対象とするのは動物愛好家です。

「絶滅危惧種の売買などはやっちゃいけないよ、法律で禁止されているよ」

ということを知らせるため、時期ものを選ぶのです。そういった観点から、夏になると昆虫に関する事案が増えていきます。

昆虫マニアといえば、当係の捜査員にムシマニアKとSの2人がいます。ですから今は、昆虫の案件は彼らにお任せです。

数年前に異動があったとき、当時のY課長が特定の知識のある人間を呼びたいと考えました。職員の情報はすべてオープンになっています。趣味が何でどんなスポーツが得意か、そのほか家族構成や恋人の有無などが記してあるカードがあるのです。

KとSのカードの趣味の欄に「クワガタムシ」とありました。これは使えると考え、Y課長がひっぱってきたのです。彼らは昆虫についての高度な知識をもっており、脱帽しました。学者も舌を巻くほどの博識です。

2人はムシが好きだから生きものも好きだし、話もあう。酒を飲むと、延々とムシの話ばかりしていることもあります。

もちろん、最初から生きものに関心のある新人もいれば、まったく関心のない新人もいます。魚を飼育したことのない者は、魚のプロを相手にしたとき、相手に話を巻かれるだけです。

そこで関心のない新人がうちの係に配属されたときには、まずメダカを飼わせるようにしています。メダカを飼えば、水やエサの管理、水槽の大きさなどがわかるからです。

「メダカを飼え」と、命令すると相手のリアクションは、とにかく驚いた顔をします。

「まず、メダカの飼育から始めろ！」

「えええーっ、そんなことまでしなくちゃいけないんですか？」

といった不満の声も出ます。

なかには生きものを一度も飼ったことのない職員が当係へ配属されることがあります。それで、仕方なくメダカ捕りに行かせたこともありました。

たとえメダカの飼育でも経験していればきっかけが生まれることもあります。たとえばペットショップに行って、そこで店員とＤＮＡの話になれば、外来生物の話題へと発展していくかもしれません。

こういうことから教えていかないと、生きものへの興味や学ぶ姿勢は身についていかないのです。一般の企業なら新人研修で工場や店舗で短期間働いたり、会社の掃除を担当したりしますが、生活環境課環境第三係の場合は違います。

「おーい、外来生物の調査のため川へメダカを捕りに行くぞ〜」です。

彼らに長靴を履かせて、河原へ向かいます。そこで、こんな話をするのです。

「水辺にはカエルを捕食するヤマカガシというヘビがいて猛毒をもっている。ヤマカガシは動物愛護管理法でいえば特定動物になるんだ。特定動物とは、人の生命、身体または財産に害を加えるおそれがある動物として政令で定められる動物種のこと。特定動物の飼養または保管を行おうとするものは、あらかじめ都道府県知事の許可を受けていなければならないんだぞ」

といった具合に、新人は身をもって生態系のど真ん中でそこに関わる知識を得ることができるのです。一般企業でいえば新人研修ですが、事情を知らない人から見れば研究所か大学の研究室のフィールドワークに見えるかもしれませんね。

ペットショップを視察するときの心構えは「まず、しゃがめ！」

特定外来生物といえば、近年何かと話題なのがカミツキガメです。アメリカや南米に生息する雑食のカメで、成長したカメは動きがすばしっこく狂暴。昆虫や両生類、魚などに噛みついてムシャムシャと食べるため、池や川に放たれるとやがてその地域の生態系が破壊され、人に対しても危険を及ぼすおそれがあります。

日本ではペットとして飼育されてきたこともあり、大量のカミツキガメが輸入されてきました。しかし2005年に特定外来生物に指定されたため、輸入、飼育、販売、譲渡、遺棄などが禁止され、これに違反した場合は「特定外来生物法違反」として罰せられることになりました。

2014年の夏には、こんな「珍ニュース」が飛び込んできました。あるお笑い芸人が飼っていたカミツキガメがマンション9階から落下して、あやうく人に激突しそうになったというニュースでした。

当時人気上昇中だったお笑い芸人が事件を起こしたことと、通行人が「空からカメが降ってきた!」といって交番に届け出たことから、スポーツ新聞やネットニュースでおもしろおかしく取り上げられました。

重さは5キロほどあったということなので、通行人の頭に当たったら死亡事故につながっていたかもしれません。このときのカメは地面に直撃し、甲羅が割れて死にました。

なお、芸人はカミツキガメを無許可飼育したとして、特定外来生物法違反の疑いで書類送検されました。芸人は生まれ故郷から上京した際に、それまで飼っていたカミツキガメも一緒に連れて来て、自宅で飼育していました。2005年に特定外来生物に指定された際、許可申請を怠っていたのです。

では、どうしてそのカメが「空から降る」ことになったのでしょうか?

もちろん、カメが飛び降り自殺したわけではありません。芸人はマンション9階のベランダに1メートルほどの大きさのタライを置き、その中に入れて飼育していました。ところが、あるとき、カミツキガメが自力でタライの外に出て柵まで歩み、そのままどんどん進んでいった結果、柵のすき間から落下したのでした。9階建てマンションだからこそ起こった「カミツキガメの悲劇」といえるでしょう。

この芸人のケースとは別に、特定外来生物に指定された際に、許可申請することを面倒くさく思い、池や川に捨ててしまった輩は少なくありません。

私は千葉県印旛《いんば》沼などの湖沼で多数のカミツキガメが捕獲されたというニュースを聞くたびに、暗澹《あんたん》たる気持ちになります。野毛山動物園の桐生さんはこんな話をしてくれます。

「動物園の飼育係として、国内の自然環境も保護していかなくてはならないという立場はあります。外来種がどんどん増えていくことで国産の動物が生存競争に負けて数が減っていったりするのは問題です。外来種を捕獲して処分するのはやむを得ないでしょう。でも、カメ好きとしては、捕獲して殺すのではなく食用にするなどの方法がないのかなと思います。

印旛沼などは、いまや完全に『外来種の池』になっています。そこで増えているのは、カメなら、カミツキガメ、ミシシッピアカミミガメ。魚ならブラックバスやブルーギル。エビならアメリカザリガニと、みんな外来の動物ばかりです。そうすると日本固有の生きものは印旛沼では生きづらいでしょう。そういう環境になっているようです」

カミツキガメは現在、動物園のように逃げ出さないような施設を完備し、国の許可をもった施設でないと飼育できません。飼育できる数も限られています。捨てられたカミツキガメを警察が保護しても、最終的には殺処分しなければいけない場合もあるのです。

私のところへは、こんな問い合わせも入ります。

「捕まえたけど、この動物は何だろう？　福原さん、わかる？」

「調書を書くのに困っている。この生きものは何？」

そういえば、インターネットを通じて、ある動物の長い耳の部位の写真を送ってよこし、

「福原さん、この動物の名前、『ウサギ』でいいよね？」

と確認してきた職員もいましたね。

警視庁の中では、「生きもののことは福原が率いる生きものがかりに」という暗黙のルールがあるようです。やれやれ、これも「生きものがかり」らしいエピソードですね。

「そもそも、動物を拾得物として扱ってもいいのか？」

法律で売買や飼育が禁止されている個体があるので、

と尋ねてくる警察職員は少なくありません。

「このヘビを保護したんだけど、生態系に悪影響を及ぼすおそれのある外来種ですかね？」

写真を見れば、アオダイショウでした。

「それ、アオダイショウだから多摩川に放せばいいよ」

私もすべての生物に詳しいわけではないので、まず写真をパソコンやスマホで送付しても

カミツキガメ

【学名】 *Chelydra serpentina*

北米・南米の淡水域に生息する。最大甲長約45㎝。食性は雑食。成長すると狂暴になる。日本へは1960年代以降、大量に輸入された。適応能力が高く、捨てられた個体が国内の河川や池で繁殖している。

福原メモ

特定外来生物に指定されて、言わば「邪魔者扱い」されているカメですが、元はペットとして連れてこられたわけで、何も自分で好き好んで来たわけじゃない。本人は悪いことをしているわけじゃないのに日本では殺処分――人間のエゴで犠牲になって可哀想になあ、と思います。

らい、さらにそれを専門家に転送して確認します。たとえばカメなら野毛山動物園の桐生さん、爬虫類なら爬虫類のスペシャリストのｉＺｏｏの白輪君といった具合に。

さて、２０１３年には、こんな情報が入ってきました。

「江戸川区の熱帯魚店でカミツキガメを販売している」

この当時、私はほかの事件で忙しくしていたので、警視庁管内では最も現場に近い葛西警察署に電話してこう言いました。

「××××（ショップ名）でカミツキガメを販売しているという情報が入った。その店までちょっと見に行ってくれないか？　カメがいれば、それを確認するだけでいい。改めて私が見に行くから」

数日後、葛西警察署の担当者から電話がありました。

「福原さん、その店へ行きましたが、熱帯魚しかいませんでしたよ」

「あっ、そうか」

これでいったん話は終わりました。が、あるとき、環境省からこんな連絡が入ったのです。

「ＦＣ２のブログで、江戸川区の熱帯魚店でカミツキガメが売られている様子が画像にアップされていますよ」

FC2とは、ブログや動画サービスを提供している会社です。会員数は約1000万人で、国内最大の訪問数を誇っています。

どうやらそのペットショップを訪れた客が、「いまどき、カミツキガメを販売している店がある」とおもしろがってFC2に設けている自身のブログに投稿したようでした。

FC2はアメリカにサーバーがあるため、日本からの照会に時間がかかります。しばらく待って返答が来ました。そこで、撮影された場所を特定したら、最初の情報で「カミツキガメを販売している」と指摘された江戸川区のペットショップでした。

このときは、捜索差押許可状を請求して令状による捜索を行うことを決めました。「あれ、カエルのときは、カエルツボカビ症の拡散防止という危険性の排除という緊急性があり、公開された場所（店舗）ということで、令状はいらないと判断しましたよね。カミツキガメも同じなんじゃないの」と思われる方もいらっしゃるかもしれませんが、この場合は少々違います。それは、事前の内偵捜査で、カミツキガメは隠されて飼養されており、場合によっては個人（店舗経営者）の権利をある程度制約しなければならないことがあると判断したのです。「個人の権利をある程度制約」とは、相手がブツ（この場合はカミツキガメ）を出さないと主張した場合、強制力を行使してブツを出させる必要が想定されたということです。つまり、犯罪はたしかに悪いのですが、それを排除するために憲法で保障された個人の権利を侵害する損失のほうが大きいので、それを法治国家として適正に行おうとした場合、事前に裁判官の審査を受けて、その後ろ盾の下に法を執行すべきなのです。生きものがかり用の法律はありません。他の事件と同じように、憲法、刑事訴訟法、犯罪捜査規範に則《のっと》って私たちは職務を執行しているのです。

店の熱帯魚の水槽の下で「引き出し」になっているところを開けてみると、思ったとおり、そこにカミツキガメがいたのです。

「それだよ、それ。そいつがカミツキガメだよ！」

「あっ、えっ、水槽の下に引き出しがあったんですね。まったく気づきませんでした」

生きものがかりで場数を踏んだ捜査員なら、ペットショップに行けば下段にある引き出しも必ず開けてみますが、このような事件に慣れていない葛西警察署の担当者は、ペットショップの特徴など知らないので、そういうことはわからずに見逃したのです。

ペットショップでは、しゃがんで下段の水槽を見るのが「生きものがかり」の心得の基本。慣れていない捜査員や新人職員には、私は次のように命じています。

「まず、しゃがめ！」

天然記念物の魚が増えすぎて事件発覚？

生きものをめぐる事件には、思わず笑ってしまうようなものもあります。これから紹介す

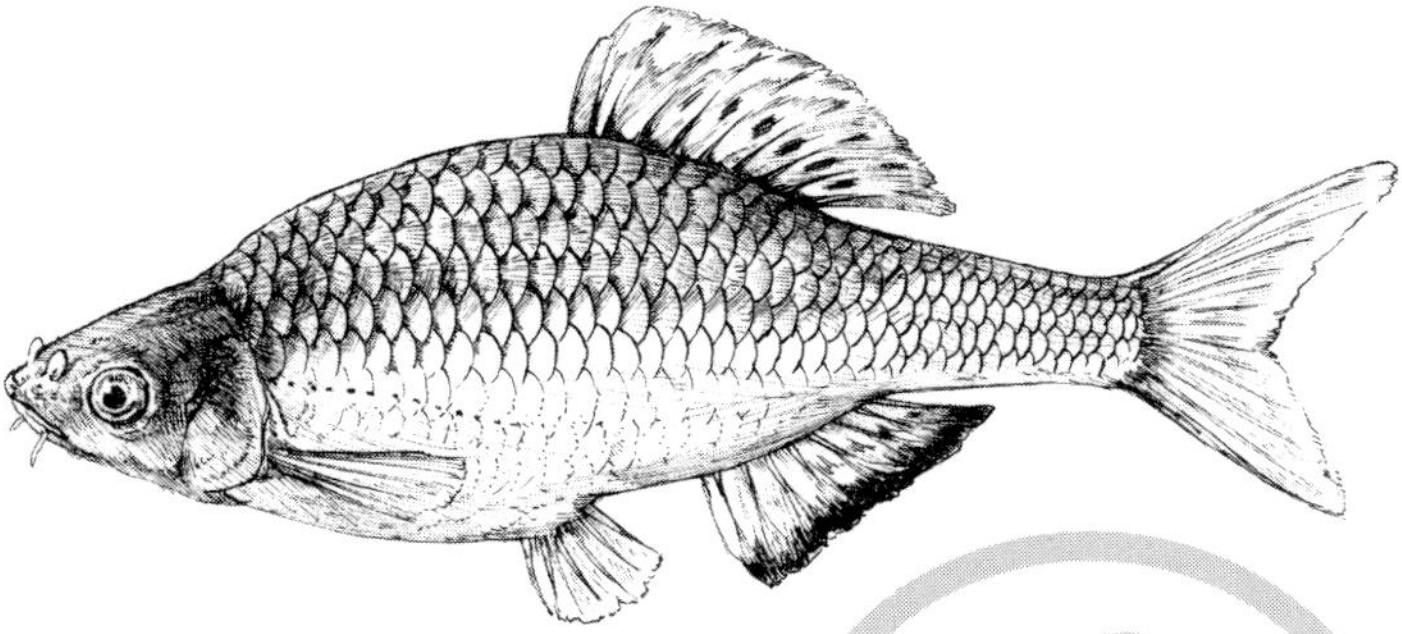

ミヤコタナゴ

【学名】*Tanakia tanag*

コイ科タナゴ亜科に属する日本固有種。かつては関東地方の河川や池に広く生息していたが、現在は埼玉県、栃木県、千葉県などのごく一部にわずかに生息するのみ。産卵期になるとオスの腹が美しい朱色になる。

福原メモ

この魚は２〜３年周期で事件になるんです。密漁や譲渡違反が多いんですが、なかにはこんな事件も。あるスナックのカウンターに水槽があって、そこに金魚が泳いでいたんですが、金魚に交じってミヤコタナゴが！お客さんが発見して通報してくれたんですが、魚好きだったんでしょうね。

るのはそのうちのひとつで、「小噺《こばなし》」のようなウイットとペーソスにあふれた事件です。

小型の淡水魚ミヤコタナゴは国の天然記念物に指定されている絶滅危惧種です。２０１４年1月、このミヤコタナゴを譲り受けたとして、種の保存法と文化財保護法違反の容疑で、東京都の会社役員ら３人を書類送検しました。

３人のうちのひとりの男性が、譲り受けたミヤコタナゴ28頭を１１２１頭に繁殖させ、困った末に文化庁にこんな連絡をして発覚したのです。

「ミヤコタナゴを飼育したら増えすぎたのでどうにかしたい。合法的に飼う方法はないか？あるいは、そちらで引き取ってもらえないか？」

事件発生場所を管轄する警察署から連絡を受けた私は、「いったいどういうことか？」と耳を疑いました。

男性は「ここまで増やしたんだから文化庁は自分たちの功績を認めてくれるはず」と考えたのでしょうか？

事情を聞きに男性の自宅を訪ねたところ、１１２１頭のミヤコタナゴがいました。ええ、全部数えました。会社役員宅からも４９３頭が見つかりました。

供述によれば、国の許可を受けずにミヤコタナゴ28頭を別の会社役員から知人の男性を通じて無償で譲り受け、1年あまりで１１２１頭にまで増やしたということです。これには驚きました。

譲り受けた男性は魚の飼育が趣味で、専門書を読んだり、熱帯魚店の店員に助言を受けたりして、飼育したようです。さらに、繁殖を熱心に研究したそうです。

男性はミヤコタナゴ専用の大型水槽を用意し、温度や水質の管理に気を使って飼育していました。趣味の域を脱しており、ずいぶん多くの時間とコストを注いだものですね。

それにしても、会社役員らは、あえて文化庁に連絡する必要はまったくなかったはずなのに。まさに墓穴を掘ったパターンです。

墓穴を掘ったパターンでは、このほかに世界に数匹しか確認されていない「幻のカメ」と呼ばれるミスジヤマガメ（ミツウネヤマガメ）を密輸し、自宅で飼育していた東京都の歯科医師蟹江（仮名）が思い出されます。

ミスジヤマガメはワシントン条約の附属書Iに登録されている希少なカメで、それまで日本で飼育されたケースはありませんでした。生物学者の千石正一先生ですら、「インドで、しかも標本でしか見たことはない」と話していたくらいですから、超レアなカメだったのです。

蟹江は自分の体調不良を機に、大事に育ててきた複数の希少なカメの新たな飼い主を探した結果、つきあいのあった世田谷区のペットショップの店主鰐淵（仮名）に引き取ってもらうことにしました。

譲り受けた鰐淵はそれがどんな種類のカメなのか、もちろんわかっていたのでしょう。彼は店にひそかにミスジヤマガメを陳列したのです。

「訪れた客がたとえそのカメを見つけたとしても、それが世界でも珍しいミスジヤマガメだとは気づかないだろう」

鰐淵はひょっとしたらそんなことを考えていたのかもしれません。

ところが、ペットショップの常連客のひとりが気づいたのです。しかしその客は「110番しても警察にはどのようなカメなのかわかるはずはないし、自分が警察に通報したことが店主に知られるのは嫌だ」と考えたようです。

そこで客は沖縄県の知人に、

「行きつけのペットショップで、な、なんと、幻のカメ、ミスジヤマガメを見たよ」

と、興奮して連絡しました。

連絡を受けた沖縄県の知人は幸いなことに警視庁に生きものを専門に扱う係があることを知っていました。そして「これは連絡しておいたほうがよいだろう」と考え、警視庁に電話をかけたのです。

その日、ちょうど残業で残っていた私のデスクに交換から外線電話が入りました。

「はい、生きものを扱う環境第三係です」

「沖縄に住んでいるYという者ですが……」

ミスジヤマガメ（ミツウネヤマガメ）

【学名】 *Melanochelys tricarinata*

インドやバングラデシュ、ネパールの川沿いや湿地帯の草原に生息する、陸生の小型のカメ。生息状況についてはよくわかっておらず、世界で数頭しか確認されていないため「幻のカメ」と呼ばれている。

福原メモ

爬虫類界の権威であった、あの千石先生でさえ見たことがない「幻」を私は見た！ 日本はおろか世界でも、警察官でこのカメを見たことがあるのは数人でしょう。「生きものがかり」として、自信をつけさせてくれるカメですね！

「えっ、沖縄に住むYさん？」

私は一瞬、驚きました。

「ひょっとしたらY先生ですか？」

「はい、そうです」

Y先生はカメの論文をいくつも書いている生物学者で、カメの研究の第一人者。動物学者の千石正一先生が健在な頃、「俺がいないときは、Yに聞け。彼なら間違いがない」とおっしゃっていたことがありました。それでいつかは会いたいと思っていたものです。

「私の友人がペットショップでミスジヤマガメを見たと言うんです。それが本当なら違法ですよね」と、Y先生は話をしてくれました。

この情報をもとに情報収集したところ、「店主の鰐淵は、なかなかしたたかな人物だ」という情報が入ってきました。

「ますます怪しくなってきたぞ」

ガサ状（捜索差押許可状）を請求できないかと考えて捜査を始めると、その店のホームページにハミルトンクサガメが登録票のない状態で掲載されているではありませんか。

ハミルトンクサガメも附属書Iに入っていますが、商業目的の繁殖が進んでいて、あちらこちらのペットショップで高額な値段で販売されていました。ただし登録票のない状態で附属書Iの個体を販売目的でネットに掲載することは違法です。

これをもとに捜索差押許可状を請求してガサ入れを行いました。鰐淵はのらりくらりとしながらも、歯科医師蟹江から天然記念物のリュウキュウヤマガメ数頭とミスジヤマガメを譲り受けたと認めました。また、リュウキュウヤマガメを常連客に無償であげたことも供述しました。

さらに、鰐淵は決定的なことを話したのです。

「蟹江からミスジヤマガメを受け取ったとき、すぐにこれは密輸品だとわかった」

そのカメが密輸品であると知って受け取ったということなので、税関と共捜で「関税贓物《ぞうぶつ》罪（収受）」を適用しました。

関税贓物罪は、密輸行為が時効であっても受け取った者が密輸品であると認識して受け取っていれば成立する犯罪です。私としてこれが2件目の立件でした。

取り調べにより、蟹江は1994年頃に密輸し、自宅で飼っていたことがわかりました。蟹江はミスジヤマガメを鰐淵に譲らなければ密輸したことがバレなかったわけですから、彼もまた墓穴を掘ったと言わざるを得ませんね。

このミスジヤマガメは証拠品として野毛山動物園に引き取ってもらいました。野毛山動物園に沖縄のY先生を招いて鑑定してもらった際、野毛山動物園の爬虫類担当の桐生さんが楽しそうに話していた姿を思い出します。以前からの知り合いだったそうです。

さて、ミヤコタナゴの事件に話を戻せば、この事件を知ってペット業界の知人などは次のような皮肉を口にしました。

「繁殖が難しいミヤコタナゴをこれほど繁殖させた男たちのノウハウを研究に生かせないものか」

「環境省はこういう人を雇わなくてはいけないね」

どちらの意見も言い得て妙です。

保護した1121頭のミヤコタナゴは、進化生物学研究所の淡水魚の研究家が引き取ってくれました。研究所は研究用のサンプルがほしいからです。

じつはこのケースでは、水族館は引き取れないという事情もありました。その理由は、出生した川がわからないから。川が異なれば、同種の魚でも遺伝子構成が異なります。どこで捕獲した個体なのか不明なものは飼育・展示できない決まりになっているのです。また、水族館は一緒に飼育することで遺伝的な系統が交雑することも嫌います。国内であっても従来の生息地でない地域へ人為的に持ち込まれた野生動植物種を「国内外来種」と言い、人の手による外来種の混入が問題になっています。

DNAが混ざることを嫌うのは、外国産の生きものでも同じ。だから、証拠物として押収した外国産の生物を原産国に返せないし、返してはいけないのです。

これは野毛山動物園の桐生さんから聞いた話ですが、たとえばマダガスカル産のホウシャガメとインド産のインドホシガメが密輸の段階で、または違法飼育や証拠物件として預かっている段階で、同じ空間に入ったり、同じ地面を踏んだりした場合、次のような危険性が生じます。

マダガスカル産のホウシャガメにインド産のインドホシガメの寄生虫やウイルス、細菌が移ってしまう可能性があるのです。それを捜査が終わったからといって、マダガスカル産のホウシャガメを母国へ戻すと、マダガスカルにいないインドの寄生虫やウイルス、細菌が入るかもしれないのです。

マダガスカルのように特異な進化を遂げている島国に、未知の寄生虫などが入ると、ホウシャガメは大丈夫だったとしても、ほかの動物に致死性の影響が起こる可能性もあるわけですね。そういう意味で、一度密輸された動物は原産地へは戻せないし、戻してはいけないのです。

桐生さんは「野毛山動物園で繁殖したホウシャガメをマダガスカルの動物園へ戻すようなことができないか」と、一度だけ考えたことがあったといいます。

それを動物学者の千石正一先生に相談したことがあるそうです。そのとき、千石先生は先に説明したような話をし、次のように激怒したそうです。

「横浜市が原産国にカメを返すことを実施するなら、私は全力でそれを阻止するぞ！」

熱血漢だった千石先生らしいエピソードですが、日本国内で保護された動物を原産国へ戻すことは、千石先生が頭から湯気をあげて怒り心頭に発するほど、生態系にとって危険な行為だということです。

DNA解析と鑑定、これも生きものがかりの守備範囲?

DNAといえば、植物の遺伝子の解析で京都大学の力を借りたことがありました。皆さんはカッコソウという植物をご存じでしょうか?

カッコソウは、群馬県桐生《きりゅう》市とみどり市周辺の山地のみに自生するサクラソウ科の絶滅危惧植物です。四国に分布する「シコクカッコソウ」はその別種で、カッコソウとはDNAが異なります。遺伝子の解析ができるのは現在のところ京都大学だけです。

カッコソウは近年、採取や生育環境の変化により、その自生地が激減しました。その希少性の高さから、2012年5月、種の保存法の国内希少野生動植物種に指定されました。つまり、販売や譲渡は禁止されたのです。

事件は2014年のある日、カッコソウを保護している団体の会長が群馬県前橋市にある園芸店に入ったところ、販売されているカッコソウを発見したことから始まりました。

会長は群馬県警に通報しましたが、担当者が種の保存法違反に詳しくなかったことから、次に桐生市役所に通報しました。

カッコソウ

【学名】 *Primula kisoana var. kisoana*

群馬県桐生市・みどり市周辺の山地のみに自生するサクラソウ科の植物。5月初めに紅紫色の花が咲く。学名の種小名 kisoana は「木曽」を指す。和名は濃い紅色の花なので、漢字で「勝紅草」とあてたことが由来とされている。

福原メモ

カッコソウは群馬のわずかな一帯にしか生息せず、その変種であるシコクカッコソウは四国にしか生息していません。なんでそんなに離れたところに??? そして、その途中の地域にはなぜ生息しなかったのか？ ミステリーロマンですね。本当に自然って面白い！

「販売が禁止されているカッコソウが前橋市の園芸店で売られているんです」

これを受けて市役所から環境省担当事務所へ情報が伝わりました。担当事務所の職員は昔からつきあいがあったので、すぐに私の係に連絡が入りました。

「そら、行け！」

勇んで前橋市の園芸店まで出向いていったのですが、すでに時間が経っていたので、売り切れていました。

「仕方ない、来年まで待とう！」

幸いなことに群馬県警に知り合いがいたこともあり、共同捜査を開始しました。地元の店舗での販売については群馬県警が、ネット販売については警視庁が追いかけ、最終的に合致させるように進めました。

そして２０１５年10月、警視庁と群馬県警は、種の保存法違反（販売目的陳列、譲渡など）容疑で、前橋市の山野草販売店の経営者ら男女10人を書類送検しました。

山野草販売店の経営者は２０１２年５月に販売が禁止される前から、カッコソウを販売しており、「規制前から持っていたので、販売してもよいと思っていた」と説明しました。

経営者らは、数十年前から知人の庭で栽培されていたカッコソウを譲り受けるなどし、販売所やインターネットオークションで売買していたということです。もちろん、種の保存法により販売できなくなったことは知っていたでしょう。販売する人間が知らないはずがありません。

この事案では、押収したカッコソウが本当にカッコソウなのかを調べる必要がありました。そこで京都大学へ出向き、遺伝子の解析をしてもらったのです。

植物では、意外なことに日本国内で出回っているサボテンはほとんどが附属書Ⅰに該当します。どういうことかというと植物の場合、条約上、逃げ道があるのです。

Ｆ１（雑種第1世代）、Ｆ２（雑種第2世代）以下の「栽培もの」については除外されるのです。つまり、栽培した「子ども」については規制の対象から外れるということです。そこで日本の業者は海外で栽培させたものを正式な手続きを踏んで輸入しているのです。栽培ものであれば条約上は手続きだけで輸入できるのです。ただし、近年、静かなブームになっている多肉種やエアプランツのＦ２になると、見分けは難しくなります。

いっぽう、国内希少種の場合は栽培ものも規制をかけています。その理由は、山採り株と見分けがつかないからです。

では、鑑定家が裁判で特定できるまでの理論立てた話ができるか。洋蘭の密売事件のように、それを専門として研究し、科学的な根拠を提示できる鑑定家がいれば有罪を立証できるかもしれません。

ＤＮＡがキーワードになった事件として思い出される事案がもうひとつあります。シャムワニの剥製《はくせい》が原種（違法）か交雑種（合法）かを争う法廷闘争になった事件です。

「シャムワニの密輸入事件」では、ワニの専門家として、野毛山動物園の爬虫類担当の桐生大輔さんに「鑑定」を依頼しました。シャムワニの学名は*Crocodylus siamensis*です。

クロコダイル・シアメンシスとは、「タイ産のワニ」という意味です。インドネシアやタイに生息するワニですが、東南アジアは開発が進んでいて、現地固有種がいなくなり、原種とされるDNAも残っていないと言われています。

かつては、元になる模式標本（生物の種、亜種、型などに学名を与えたときに、その基礎になった標本のこと）があり、それを基準に「これは原種である」「原種でない」と検査していましたが、第二次世界大戦の最中、ベルリンの博物館で燃えてなくなったのです。原種か否かは現在、カナダ環境省が作成した「CITES識別ガイド―ワニ目」で鑑定しています。

シャムワニ自体はワシントン条約の附属書Iに属します。ワシントン条約上規制されていますが、商業目的の繁殖場所はタイに3～4ヵ所あります。商業目的のシャムワニはスタンプを捺《お》せば輸入できるようになっており、皮は時計バンドやベルト、バッグなどに使われています。ただし近親交配や人為的に交雑させた種間雑種が多く、原種はもういないのではないかといわれています。

２００５年、シャムワニの剥製４体をタイから密輸入した疑いなどで、関東の鰐田（仮名）を種の保存法違反で逮捕しました。鰐田は申請せずに国内に持ち込み、皮製品製造会社の社長に販売しました。鰐田は次のような主張をしました。

「タイに純血のシャムワニは存在しない。剝製は交雑種だ。種の保存法の適用を受けない、また商業目的で繁殖させた個体はワシントン条約上、附属書IIとして扱われるから外為法の適用は間違いだ」

この鑑定を野毛山動物園の桐生さんに担当してもらったのです。シャムワニは後頭部に4〜6個の鱗があるのですが、近親交配が進んだ結果、それらの数を満たさない個体も存在します。いわゆる奇形です。ただし、そういう標本は対象から外しました。「疑わしきは罰せず」の精神です。

法廷では、剝製となったシャムワニが純粋種（原種）か交雑種かが争われました。純粋種であれば「違法」、交雑種であれば「合法」です。桐生さんは4体の剝製のうちの2体は交雑種で、2体が純粋種という鑑定を下していました。

それで捜査チームは、交雑種は違法ではないものの、純粋種が種の保存法に引っかかるとして逮捕し、検察により起訴されたのです。

鰐田は有罪判決を受けましたが、彼はこれを不服として控訴、上告したため、この裁判は最終的に最高裁まで行きました。

私たちの仕事は形態で識別できないものについては専門家に鑑定を依頼し、目に見えない

ＤＮＡについて争うこともあるのです。ただしＤＮＡ鑑定のできる専門機関は国内に少ないのが実情です。

いっぽう「研究に役立てたいから証拠品を寄付してほしい」という申し出もまれにあります。こういう要望には、次の流れで応じることができます。

立件できなかった場合、証拠品は財産権を尊重し、本人に返却します。それ以外は警察がいったん保管します。希少種の証拠品の場合は被疑者の処分が決まると、証拠品としての取り扱いから外すよう検察官に促し、取り扱いの解除後、研究機関に寄贈します。

ある事件で証拠品として押収した５本の象牙は、九州大学大学院からの申し出を受けて寄付しました。同大学院では、象牙の断面の年輪からゾウの生育状態を調べ、アフリカ大陸の干ばつなどの気候変動の研究に利用するそうです。押収品はこういう研究にも役に立つことがあるのです。

なお、象牙はワシントン条約で商取引が禁止されており、密輸象牙に関しては、２００４年の締約国会議の決議で原産国が特定できなければ原則、焼却処分することを定めましたが、特定できた場合、押収した象牙を学術研究機関に提供することは認められているのです。

「警察の陰謀だーっ！」と店主は叫んだ

ガサ入れのとき、捜査員がまったく想定していなかったことがたまに起こります。これから話すのは、東京都にかつてあったサル専門ショップで実際に体験した出来事です。

ある日、「猿渡（仮名）が登録票のないサルを販売している」という情報が寄せられ、生活環境課が猿渡の経営するショップの家宅捜索を行いました。

早朝、店までクルマで10分ほどの距離にある猿渡の自宅に出向き、まだ眠っていた本人を起こし、家宅捜索することを告げ、店まで同行させました。もちろん、この日の早朝に猿渡が自宅にいることを確かめたうえでのガサ入れでした。

警察用語で行動確認を略して「行確《こうかく》」と呼びます。対象者を尾行して、その立ち寄り先や面会した相手などをすべて調べ上げておくことです。行確をしっかりしておかないと、逮捕に行く際、ほかの部署や警察署から応援をもらって踏み込んだら、そこに容疑者はいなかった……ということがあるからです。

店のガサ入れの場合、捜査員は目立たないよう、店の裏口から入っていきます。猿渡に裏口を案内してもらい、庭に続く扉を開けさせました。

と、そのとき、猿渡は「ああっ」と声をもらして立ち止まりました。そして大声で、こう叫んだのです。

「これは警察の陰謀だーっ!」

そこには動物を入れて持ち運ぶキャリングバッグとドッグケージがありました。そして、ドッグケージの中にサルがいました。国際希少野生動植物種として掲載されている特定動物のシロテテナガザルのベイビーでした。

特定動物とは、「動物愛護管理法」の規定に基づいたもので、人の生命、身体、財産に危害を加えるおそれのある危険な動物のことです。サルやゴリラのほか、クマ、猛禽類、トカゲ類やコブラなどの爬虫類も該当します。

「おい、猿渡、このサルは何だ?」

「ああっ、ううっ」

おそらくこの日が取引の日だったのでしょう。「運び屋」は深夜、ひと目につかないようドッグケージに入れてシロテテナガザルを店まで運び、猿渡から預かっていた鍵を使って裏口のドアを開け、そこに置き、鍵をかけて立ち去ったようです。猿渡は私たちと一緒にそのシロテテナガザルを発見したのです。

彼はその瞬間、しらばっくれるため、「警察の陰謀だーっ!」と口走ったのでしょう。

この事件では、私が猿渡の取り調べを行いましたが、猿渡は最後まで自白しませんでした。彼は落ちなかったのです。

シロテテナガザル

【学名】 *Hylobates lar*

タイ、ミャンマー、マレーシアなどの熱帯雨林に生息し、ほとんど樹上で生活している。毛色は生息域や個体によって異なるが、いずれも顔のまわりと手足の先が白っぽい。体長は50〜60㎝。果実や昆虫を食べる。

福原メモ

捜査の一環で飼育登録がされている動物を見て回ることがありました。新宿の古い木造民家のドアを開けると、そこにはピカピカのステンレス製の高さ３メートルはあろうかという見事な檻があって、その中に美しいシロテテナガザルがいたんです。人間の欲望を象徴するような光景でした。

しかし、タレこみがあるということは、仲間内からあまりよく思われていない証拠。私の知っている限り、彼は3回刺されています。

一度目は、猿渡の店を紹介するテレビ番組を見た同業者でした。サル専門店は珍しいので、テレビで放映されたことがありました。そのとき、附属書Iに該当するサルがテレビに映っていたのです。これを見た同業者が連絡をしてきたのです。

「この店、ほかにも取り扱いできないサルを販売しているんじゃないの？」

同業者らしい鋭い指摘でした。

このような情報をもとにガサ入れを行いましたが、3回とも証拠は何も出てきませんでした。すべて空振りでした。こんなこともあるのです。

私はこのときもシロテテナガザルを眺めながら思ったものです。

「このサルがしゃべってくれたらなぁ。事件はすぐに解決するんだけどなぁ」

この日、押収したシロテテナガザルは千葉市動物公園に保管委託してもらいました。しかも捜査が終わらないうちに、動物園は喜んでシロテテナガザル専用の飼育スペースまで作ってくれました。

後日談ですが、猿渡の店はやがて閉店しました。ペットショップは利幅が大きく、自分の好きな世界で楽しみながら生きていくこともできます。でも、どのビジネスも同じですが、信用がなくなれば店を畳まざるを得なくなるのです。

中国から届いたカメも生きた上海ガニの無許可飼育もＮＯ！

ワシントン条約の附属書Ⅱにモエギハコガメという名のカメが登録されています。中国の南部に生息しているカメです。現地では食用になっているそうです。

あるとき、税関を経由して東京都江東区の東京国際郵便局から連絡がありました。

「福原さん、国際郵便で届いた箱の中にいた、20頭近くのモエギハコガメが検査で引っかかったので、こちらまで来てくれないか」

国際郵便局へ駆けつけたところ、箱の中に確かにモエギハコガメがいました。

ここは法律のおもしろさで、関税法では郵便の流通を迅速にするために、例外を除きある程度以下の値段の荷物については無検査なのです。

いっぽう国際郵便の場合、外為法で違反が成立するのは本人が受け取って荷物を開けたときです。表現を変えれば、荷物を開けない限り外為法は成立しないのです。

税関が荷物を開いて確認した場合は、外為法では未遂になります。関税法課税限度以下の額の場合は関税法は適用されません。外為法では未遂になりますが、未遂の処罰規定はないのです。

モエギハコガメを輸入したのは、都内に住む中国人留学生でした。留学生に事情を聞いた

ところ、

「中国の実家が食用に送ってきた」

と、中国語で釈明しました。

「私がモエギハコガメを食べたいから、実家に連絡して送ってもらったんです」

ところが、２０００年にハコガメ属全種がワシントン条約附属書IIに掲載されたため、輸出入には輸出国の政府が発行する許可書が必要となりました。それがない場合、受け取ることはできないのです。

中国人がカメを好んで食べるということは噂では知っていました。中国国内では市場で普通に売られているということです。

「ひょっとしたら密輸して日本国内で販売しようとしたのか」と疑いましたが、留学生は日本語ができないので国内での商売はできないと感じました。

もちろん、本人が受け取って荷物を開けたわけではないので「未遂」です。そのため検挙には至りませんでした。中国人留学生が中国の実家へモエギハコガメを送り返して「一件落着」となりました。

食文化の違いは興味深いものです。日本人だって捕鯨でクジラを食べてきた長い歴史があります。クジラを食べる文化のない国からすれば、まったく理解できないことかもしれませんね。

食文化といえば、２０１５年2月、生きた上海《シャンハイ》ガニ（チュウゴクモクズガニ）を無許可で販売目的で飼養した食材販売店と中国国籍の男を外来生物法違反の疑いで書類送検しました。これは私自身が上野のアメ横を歩いていて見つけた「ネタ」でした。

中国の高級食材として知られる上海ガニですが、日本国内では生態系に害を及ぼす特定外来生物に指定されています。欧州や米国に広がり、在来種を駆逐する被害が報告されてから注目を集めるようになりました。日本では２００４年、東京のお台場で生きた個体が確認されています。

２００６年以降は、特定外来種に指定され、無許可で輸入したり、飼ったりすることが禁じられています。ただし、食品衛生法の許可を受けた中華料理店は、店で客に出す料理用に生きた上海ガニを仕入れることができます。

食材販売店の経営者は国の許可を得ずに生きた上海ガニ１０９頭を7万２０００円で仕入れ、上野のアメ横にある自分の食材店で、販売目的で飼っていました。ガサ入れには、私が頼る協力者となっているｉＺｏｏの白輪君に「鑑定者」の立場で同行してもらいました。

白輪君はユーモアのある毒舌で、こんなことを言っておりました。

「まあくだらないですよね。外来生物法というのは、『なんだ、その法律は？』という感じです。上海ガニを中国から輸入する業者が正規で輸入して、その正規で輸入されたものを、無許可の人間がアメ横で売っていただけなんです。普通に考えても、あれを海に持って行って逃がすやつはいないよね。そもそも常に茹《ゆ》だっていますよ！」

白輪君は一家言ある男。外来生物法についても、なかなか鋭くおもしろい見方をするものだと感心したものです。

「生きものがかり」を生かす講義

私は現在、警察庁指定広域技能指導官という役割も担っています。具体的には、警察大学校（東京都府中《ふちゅう》市）で年に4回講義を受け持っています。担当しているのは、将来幹部になる、その一歩を踏み出した警察職員を対象とした講義です。

私が警察庁指定広域技能指導官に選ばれたのは、生きもの事案を得意技として長年続けていたからだと思っています。

警察の世界では、「縦に生きるか、横に生きるか」と表現されるような2つの生き方があります。縦に生きるとは、階級を伸ばし、指揮官・管理者として生きることです。私は仕事に幅を持たせ、「生きものがかり」に特化して、「生物多様性保全への警察の貢献」という、横に生きる職人的な道を選びました。

こんな話を自己紹介の際にすれば、受講生は、まだ縦も横もしっかりできていない若手ばかりで、初めて耳にする話なので興味深く聞いてくれます。

講義の場で、必ず若い人に贈る言葉はこれです。

「とにかく自分の得意技をつくってほしい！」

そうです、私の警察人生を変えた上司の言葉です。

「他人と同じことをやっていては個人も組織も発展しません。得意技があれば、どんなに困難な局面でも最後は得意技に持ち込めば勝てます。得意技は何でも結構です。自分の興味のある分野を仕事に生かす努力をしてください」

では、そのために何をすればいいのか？

「組織の役に立つためには自己投資を惜しむな」と助言しています。

警視庁のためになることはイコール都民のためになること。考え方によってはそういう崇高な世界にいるわけです。だから自己投資を惜しむな。私はそう考えています。

結婚してまだ間もない頃、私は妻に「ワープロを買ってもいいか？」と許可を願い出たことがありました。

私は悪筆なので、調書を書くのに気を使っていたからです。当時は指定の用紙に定規を当てて書いていました。でも、力を注ぐところが違うと感じていたので、ワープロを購入し、さっそく使いはじめました。

私は「最新のツールを自己投資として購入する」というスタイルを貫いてきました。その始まりがワープロだったのです。上司から怒られたこともありました。その時代、調書は手書きでないとダメだったからです。

それでも、私は「これからはワープロの時代が来る」と信じて、上司に止められているにもかかわらず、自己投資と信じ、その時代の最新の通信機器を購入し、使いこなしてきました。ずいぶん早い段階から「エクセル」を使いこなすようになったことも、自分が警視庁で生き残れた要因かもしれないと思うことがあります。今も楽しみながら、さまざまなモバイル機器を使い込んでいます。

警察大学校での私の講義の内容は、「生きもの事案取り扱い要領」です。みんなの頭に入っていくのは、鳥獣保護法とか動物愛護管理法の内容。ところが、実際の密輸入の事案への法令適用などはレベルが高いようです。

これまでの講義で事件の起訴状を配付すると、みんな一様に驚きます。

「なんですか、これは？」

「これを検察が提訴してくれたのですか？」

といった反応が起こります。

担当部署が違えば、現役の警察官でも知らない人はいます。私は、法律の詳細と、こういう事案の場合どのように対処したか、その際の注意すべき点は何か、といったことを説明します。こういう話をしたとき、若い幹部候補生は最初きょとんとして聴いています。

興味をもって質問してくるのは「証拠品のまとめ」です。

「それでは、証拠品として押収した生きものはどういう流れでどこへ行くのですか？」とてもよい質問です。私は喜んで話を続けました。

私が講義した職員が警察大学校を卒業し、今、同じ職場にいます。彼はこんな感想をもらしました。

「福原さんの講義のあとで、みんなと話をしたのですが、内容があまりにも高度で……。よくあの起訴状の事件が成り立ったなあと思いましたよ」

ああ、もっとやさしく教えないといけないなと痛感したものです。

私は講義でこんなことも話すようにしています。それは「仕事は50パーセントできれば100点だと解釈しなさい」という話です。

現場では、書類づくりなどデスクワークの時間は長く、さらに業務は煩雑です。日中はどんどんメールで通知が届きます。半日読まなければ、「未読」が山積することもあります。しかも目を通さなくてはならない書類の数は膨大。書類作成にも多くの時間を割かなければなりません。その結果、1日6時間以上パソコンと向かい合っていることもあります。書類作成のほかに、報告、張り込みもあります。

業務をすべて完璧にこなそうとすればするほど忙殺されてしまいます。

だから「メンタル面で打ちのめされないようにしてほしい」と声をかけます。そして、こう言います。

「仕事は50パーセントできれば100点だという考え方でいいのではないか」

なかには100点取らないといけないと考える人もいますが、私はそうは思いません。目標は最高でも80点、いや70点でもいいです。たとえば部下に依頼した仕事を50点で返されたとしても、上司はそれで構わないのです。足りないところを指摘したり、工夫を促したりするなど、いろんな指示ができますから。

100点に届かなくて自滅する人もいます。そこまではしてほしくないですね。上司から来た要求をすべて達成することは無理です。1日のうち3分の1の時間は睡眠に取られます。時間は限られているのです。

でも、「100点取らなくてもいい」と思えば気持ちが楽になります。

自分で設定した着地ポイントでも評価は変わります。流れをつかんだら、自分で着地点を捉えればよいのではないでしょうか。

若い頃に上司や先輩から指摘されたことは、経験を重ねるにつれ、私もおいおいわかっていきました。

「福原、人に負けない、おまえだけの得意技をつくれ！　そうすれば最後（定年）まで専門分野で仕事を続けていける」

このメッセージの深い意味も今になってよくわかります。ああ、あのときの上司の教えはこうだったんだなと。

ところで、「生きものがかり」の実員は現在5人です。ここ2～3年、若い警察官が「生きものがかりに入るにはどうしたらいいのか？」と話しているのを耳にしてきました。

警視庁4万6000人の中で5名の枠とは、東大に入るより難しい倍率。配属される部署は自分の希望どおりにはならないことが多いものです。でも、生きものが好きな人が「生きものがかり」に配属されたら、充実した仕事ができると思います。

「生きものがかり」で仕事をしたいと希望する者のなかには、大学で生物を専攻した警察官もおり、専門分野を生かしたいと言います。現在は後輩たちにバトンを手渡している最中です。

「私がもし現在とは違う道を選んでいたとしたら……」

たまにそんなことをふと想像します。

警察官になっていなければ、私は今頃おそらくプライベートで頻繁に動物園へ足を運んでいるでしょうね。

自分の半生を今、振り返ってみて、「獣医になっていればなぁ」とは思わないですね。「生きものがかり」に配属され、生きものを通じて幅広い仕事を続けさせてもらい、それは私の興味をかきたててくれた分野の道でもあったからです。

そう、稼ぎは獣医のほうがきっとずいぶん多いでしょうけど、私はかけがえのない仕事に就くことができたと思っています。

先般、根津《ねづ》（東京都文京区）へ妻と一緒につつじを見に行ったとき、帰りに不忍《しのばず》通りを通ったんです。すると妻が気を使ってくれて、「ねぇ、動物園へ行こうか」と誘ってくれました。

「久しぶりに、動物、見ていこうよ」

不意のことでしたが、嬉しかったですね。それで妻と一緒に上野動物園へ行きました。

動物園とのかかわりは今でも深く、冒頭の「まえがき」で書いたように、これまでに自分がかかわったヤマで保護した動物がその後どうなったのか、気になって仕方ないのです。

今、いちばん会いたいのはワニのマレーガビアルです。２０１１年３月に保護した個体で、一時的に野毛山動物園で保護預かりをしてもらっていたのですが、縁があって北海道の「札幌市円山《まるやま》動物園」に行ったそうです。

２０１１年に保護したときはまだ体長30センチに満たなかったけど、今なら、そうだな、4～5メートルになっているんじゃないのかな。……うん、とても気になります。

あとがき

この本を通じて警視庁に生きものを専門にする係「生きものがかり」があることを初めて知ったという読者は多いと思います。私たちが取り組む事案は、この本で書いたように、すべて生きものに関わるもので、ときに難事件あり、ときに珍事件あり、です。

生きもの相手とはいえ、密輸入や不正登録など、挑んできた事案はどれもこれも「人間臭い」ものばかりです。動物の売買で大きな利益を得ようとする業者や、希少価値の高いペットを所有したいという愛好家たちが繰り広げる「人間ドラマ」がそこに見えるのです。

人間臭いドラマといっても、私たち捜査員はテレビの刑事ドラマに登場する刑事とは異なり、ときには植え込みに遺棄されたカメの死骸を探したり、一晩カメと一緒に車中泊したりもします。ペットショップに出向いて下段の「引き出し」を開けたり、生きものが出品されていないかネットオークションをチェックしたりもします。これも「生きものがかり」の重要な仕事なのです。

そのようなことも、本書を通じてほんの少しでも知っていただければ幸いです。

さて、長い警察人生を振り返ると、何度か困難に直面し、苦悩することもありました。そんなときに、心の支えとなったのが、私の警察人生を変えた上司の言葉「十八番をつくれ。得意技を持て」です。

心の支えとなっている言葉はもうひとつあります。座右の銘の「今日の勤めに田草を取る」です。これは「今できることをやって秋の収穫を待つ」という意味です。

１９９７年当時、生活経済課に勤務していた頃のこと。今は退官された酒田主任のワープロのキーボードの両手を載せる部分に細長い紙がセロハンテープで貼られているのを見つけました。その紙にはこんな言葉が手書きされていました。

「この秋は　雨か嵐かは知らねども　今日の勤めに田草取るなり」

気になって出典を調べてみると、江戸時代の農政家・二宮尊徳の歌であることがわかりました。じっくり読み砕けば、尊徳が伝えたかったことの真意が理解できました。

「稲を植え、収穫の秋を迎える時に嵐が来て、収穫できないかもしれないと心配するより、今はとにかく目の前の雑草を取り除くことが大事。この先どうなるかはわからないけれど、まず目の前のやるべきことに注力せよ！」

このようなメッセージなのだと解釈しました。

尊徳が残してくれた、この力強いメッセージは、多事多難な警察業務の中にあって、未来永劫に通じる言葉だと痛感しました。以来、本書で書いたような難事件にあたるたびに、

「まず今日の勤めに田草を取ろう」と思い返してきました。

私たち「生きものがかり」が取り組んできたのは、まったく前例のない事案ばかりです。当初は生きものについての知識はなく、また動植物学会や専門機関、研究者や情報源とのパイプもなく、試行錯誤を繰り返していました。改正されない法律に苛立ちを覚えることもたびたびありました。

それでも、こうして今日まで警察人生を歩んでこられたのは、これだけは誰にも負けないという得意技を得て、ただひたむきに今できることに挑んできたからだと思います。

「十八番をつくれ」と「今日の勤めに田草を取る」。これらの言葉を与えてくれた先輩方に心から感謝します。

そして私は今、自身の警察人生で大きな収穫を感じつつあります。本書もそのひとつです。「生きものがかり」に関する本を書ける機会が訪れるなど、生活環境課が創設されたとき、いったい誰が想像したでしょうか。

最後に本書の執筆にあたり、私服捜査の基本を教えていただいた元大井警察署防犯代理・國府田豊様、元世田谷警察署刑事組織犯罪対策課長代理・齋藤洋様、生きもの事件をいつかは本にしようと語り合った山田淳先輩、生活環境課で生きもの事件を日陰から表舞台へと押し出していただきました元赤羽警察署副署長の牧内隆久様、広域技能指導官への道を開いてくださった元三鷹警察署長・岡英夫様、当課へ猛者を引き連れて来てくださいました元警視庁第八方面本部長・吉森裕次様、最初に「生き物事件専門係」として自分を取材してくださった毎日新聞社・黒田阿紗子さん、生きものがかりの未熟時代を支えてくださいましたWWFの石原明子さんと清野比咲子さん、スローロリスのアドヴァイスをしてくださいました野生生物保全繁殖専門家グループ日本委員会・堀浩獣医師、公休日も証拠品受け入れの相談に乗ってくれる元横浜市立野毛山動物園（現在、金沢動物園）の桐生大輔さん、お願いがあって電話すると「今度は何が来ますか」と気軽に証拠品を受け入れてくださる一般財団法人進化生物学研究所主任研究員・今木明さん、市役所派遣時代を支えてくださいました武蔵野市役所・森安東光さん、いつも爬虫類のアドヴァイスをくれるiZoo園長・白輪剛史君、この本を企画してくださいました講談社の新井公之さん、約1年にわたり取材していただいた倉田隆則さんに感謝の意を表します。みなさんの協力によって「生きものがかり」の活動を一冊の本にまとめることができました。本当にありがとうございました。

そして、生きもの好きの私に、いつもあきれている妻の逸子にも、この場を借りて感謝の言葉を届けたいと思っています。生きものが好きで、曲がったことが嫌いで偏屈なところがある夫ですが、これからもどうぞよろしくお願いします。

えっ、また知らないうちに自宅にカメが増えているって？

はい、福原家の「生きものがかり」は私が責任をもって担当するので、これからも、こつそりでいいから、あたたかい目で見てくださいよ。

2017年6月

福原　秀一郎

参考資料／

『ＩＵＣＮレッドリスト　世界の絶滅危惧生物図鑑』ＩＵＣＮ（国際自然保護連合）編　岩槻邦男、太田英利翻訳（丸善出版）
環境省ホームページ「種の保存法の概要」
経済産業省ホームページ「ワシントン条約（ＣＩＴＥＳ）」

イラストレーション　木原未沙紀
装幀　守先正（モリサキデザイン）

福原秀一郎　ふくはら・しゅういちろう

1955年鹿児島県鹿屋市生まれ。警視庁生活安全部生活環境課勤務。希少野生動植物密売捜査において、全国で唯一の警察庁指定広域技能指導官に指定され、全国でもきわめて珍しい「希少動物専門の警察官」となる。人呼んで「警視庁の生きものがかり」。2015年3月・警察功労章受章、2016年1月・警視総監特別賞受賞。

警視庁《けいしちょう》　生《い》きものがかり

二〇一七年八月三日　第一刷発行
二〇二一年五月七日　第三刷発行

著者　福原秀一郎《ふくはらしゅういちろう》

発行者　鈴木章一

発行所　株式会社 講談社
東京都文京区音羽二丁目一二―二一　郵便番号一一二―八〇〇一
電話〇三―五三九五―三五二二（編集）
〇三―五三九五―四四一五（販売）
〇三―五三九五―三六一五（業務）

印刷所　株式会社新藤慶昌堂

製本所　株式会社国宝社

ISBN978-4-06-220683-9

講談社の好評既刊

ドミニック・ローホー
原　秋子　訳

シンプルだから、贅沢

自分のスタイルをもつと「ほんものの贅沢」が味わえる。フランス人著者のシンプルな生き方のメソッドが今世界的に支持されている

1200円

佐野洋子　文
北村裕花　絵

ヨーコさんの"言葉"　それが何ぼのことだ

NHKの人気番組「ヨーコさんの"言葉"」オールカラー書籍化第2弾。ふしぎな力がわいてくると好評の痛快なイラスト&エッセイ

1300円

佐々木常夫

人生の折り返し点を迎えるあなたに贈る25の言葉

感動的で実践的な手紙の数々があなたに勇気を！　人生の後半戦を最大限に生きるための、一生モノの、これぞ「人生の羅針盤」！

1200円

小川　糸

これだけで、幸せ　小川糸の少なく暮らす29ヵ条

一生添いとげられるものを探す。ものを減らし「少なく贅沢に」生きる。人気小説家がものづきあいの秘訣を写真とともに初披露する

1300円

ポール・クルーグマン
浜田宏一

2020年　世界経済の勝者と敗者

「私が日本国債を格付けするならAAAだ」（クルーグマン）、「日本の対外純資産は24年連続で世界一だ」（浜田）……勝者となる日本！

1600円

火野正平

火野正平　若くなるには、時間がかかる

日本一チャーミングな66歳のリアルライフ！「にっぽん縦断　こころ旅」（NHK）で大人気の著者が語る、カッコいい歳の重ね方とは？

1200円